実践例で学ぶ

第二言語習得研究に基づく英語指導

Teaching English from a Second Language Acquisition Perspective

鈴木 渉 編

大修館書店

はじめに

　本書の執筆のきっかけは，これから教師を目指す学生・院生や英語教師の様々な「疑問」に応えたいと思ったからである。編著者の鈴木（渉）は，宮城教育大学にて英語指導に関する講義・演習（『英語科教育法』『第二言語習得論』『英語科教育実践演習』『英語科教育特論』等）を担当しているが，受講している学生や大学院生に，様々な疑問を投げかけられる。また，免許更新講習（『英語科教育講習』『小学校英語活動の理論と実践』等）や20年程前から開催されている現職教育講座等に参加してくださる英語教師からも様々な「疑問」を呈されてきた。学生・院生や教師から聞かれる疑問の多くは以下のようなものである。

・従来の文法訳読法に戻らずに，どのように文法を教えたらいいのだろうか？
・文法指導とコミュニケーションはどのようにバランスを取ればいいのだろうか？
・文法指導とコミュニケーション活動をバランスよく取り込むアクティビティにはどんなものがあるのだろうか？
・意味の理解やコミュニケーションの機会を阻害せずに文法を指導する方法の具体例は？
・語彙や発音はどのように教えればいいのだろうか？
・動機付けや適性などの個人差に対応した指導の仕方は？
・指導の効果はどのように測定したらよいのだろうか？

　このような疑問に応えようとする学問分野を，教室内第二言語習得研究（Instructed Second Language Acquisition research: ISLA）と呼ぶ。ISLA は，効果的な第二言語（外国語）の指導法や学習法を探ることを目的としており，幅広いトピックを扱う第二言語習得研究（Second Language Acquisition research: SLA）の一分野である。ISLA に関しては，Rod Ellis 氏の *Instructed second language acquisition: Learning in the classroom*（1990年）で考え方が紹介され，多くの実証的な研究が様々な学術雑誌に掲載されてきた。Alex

Housen 氏と Michel Pierrard 氏が編集した *Investigations in instructed second language acquisition*（2005年）にも多くの実証的研究が掲載されている。国内でも，村野井仁氏の『第二言語習得研究から見た効果的な指導法・学習法』（2006年）において ISLA が紹介されている。ここ数年で Shawn Loewen 氏の *Introduction to instructed second language acquisition*（2015年）や Loewen 氏と Masatoshi Sato 氏（本書7章担当）が編集した *The Routledge handbook of instructed second language acquisition*（2017年）という 2 冊の書籍が出版された。さらに，2017年には *Instructed Second Language Acquisition* という学術雑誌が立ち上がり，ISLA が SLA の中で非常に注目を集めてきていることが分かる。

　近年，ISLA を通して，効果的な第二言語（外国語）指導法に関する知見は様々な学術雑誌や多くの専門書で紹介されている。しかし，学術雑誌の性質上や書籍の紙面の都合上，理論や実証的な研究を中心に紹介していて，十分な実践例・具体例を提供していないことが多い。したがって，これから英語教師を目指す学生や大学院生や英語教師にとっては，ISLA に基づいた指導法の具体について理解するのは容易ではない。私が教員研修や大学で講義・演習を行う際は，検定教科書等を利用して，できるだけ多くの例を見せるように努めている。いっぽう，明日の指導に役立つような例を数多く紹介している書籍も多数存在している。しかし，その裏付けとなる理論の説明や実証的な研究例が少なく，教師や学生が ISLA に基づく体系的な知識を習得するのは困難である。そのため，ISLA に基づいた指導法を検定教科書で実践するための応用力までは身につかない。これらの問題点を克服しようと考え，本書では，ISLA の理論と実践をバランスよく扱うことを目指している。

　1 章では，文法指導のあり方が近年どのように変化してきているのかを概観する。2・3 章では，読んだり，聞いたりする活動の中で，文法指導を効果的に取り込むインプット中心の指導法を紹介する。4・5 章では，話したり，書いたりする活動の中で生じた文法的なエラーを訂正するインタラクション中心の指導法を紹介する。6 章では，タスク（task）を通して，文法を効果的に取り込む指導法を取り上げる。7 章では，ペアやグループ活動にどのように文法指導を取り入れていけばよいのかについて紹介する。8・9・10章では，文法以外の ISLA について取り上げ，発音指導，語彙

指導，語用論指導をそれぞれ取り上げる。11章では，文法指導において個人差にどのように対応していけばよいのかについて解説する。12章では，指導の効果をどのように評価するのかについて紹介する。13章では，ISLAに基づく効果的な指導法の原則についてまとめている。2〜13章では，それぞれの理論や研究について簡潔に述べ，中・高等学校の英語授業においてどのように実践できるのか，例を提示している。

　本書の出版は，様々な方々の協力なしには，実現しなかった。各章の執筆にあたっては，ISLAを国内外の学術雑誌や書籍で発表しておられる一人者の先生方にお願いした。また各章は，日本だけではなく世界のSLAに貢献している以下の先生方にも試読をお願いし，有益なコメントをいただいた。馬場今日子氏（金城学院大学），石原紀子氏（法政大学），和泉伸一氏（上智大学），森博英氏（東京女子大学），森田光宏氏（広島大学），村野井仁氏（東北学院大学），名部井敏代氏（関西大学），西原哲雄氏（宮城教育大学），新多了氏（名古屋学院大学），斉藤一弥氏（ロンドン大学バークベックカレッジ），佐藤臨太郎氏（奈良教育大学），白井恭弘氏（ケース・ウェスタン・リザーブ大学），戸出朋子氏（広島修道大学），浦野研氏（北海学園大学）に感謝申し上げる。最後になるが，本書の企画から出版まで，大修館書店の小林奈苗氏には大変お世話になった。経験の浅い私に迅速かつ適切な助言をしてくださったことに感謝申し上げたい。

　ISLAを知ってこそ実践できる指導法や学習法がある——編著者の私はそう信じている。本書を通して，これから教師を目指す方や現在英語を指導している教師が，ISLAを知っていてよかったと思うことができたら，幸いである。

2017年6月

鈴木　渉

目次

第1章 文法指導はどのように変わってきたか······3
1. はじめに······3
2. 言語教授法はどのように変化してきたか······4
3. 文法中心のアプローチ······4
   3. 1 文法訳読法······4
   3. 2 オーディオ・リンガル法······5
   3. 3 PPP（Presentation-Practice-Production）······5
   3. 4 文法中心のアプローチの問題点······6
4. コミュニケーション中心の教授法······7
   4. 1 コミュニケーション中心のアプローチの問題点······7
   4. 2 フォーカス・オン・フォーム——第3の道へ······8
   4. 3 フォーカス・オン・フォームにはどのようなものがあるか······9
5. まとめ······10

第2章 目標項目を目立たせよう——インプット強化······13
1. はじめに······13
2. 理論······14
   2. 1 インプット強化とは······14
   2. 2 なぜインプット強化は効果的か······15
3. 研究——インプット強化は本当に効果があるか······17
4. 授業での活用······19
   4. 1 リスニングによる聴覚インプット強化（中学校）······19
   4. 2 リーディングによるインプット洪水（中学校）······22
   4. 3 リーディングによる視覚インプット強化（高校）······23
5. おわりに······24

第3章　目標項目の処理を手助けしよう――処理指導 …………… 27
1. はじめに ………………………………………………………………… 27
2. 理論 ……………………………………………………………………… 28
   2.1　インプット処理理論 …………………………………………… 29
   2.2　処理指導 ………………………………………………………… 32
   2.3　明示情報 ………………………………………………………… 33
   2.4　構造化されたインプット活動 ………………………………… 34
3. 研究 ……………………………………………………………………… 36
4. 授業での活用 …………………………………………………………… 38
   4.1　複数形の形態素 -s（中学校）………………………………… 38
   4.2　規則動詞の過去形（中学校）………………………………… 39
   4.3　受動態（高校）………………………………………………… 40
5. おわりに ………………………………………………………………… 42

第4章　話す活動と文法指導――フィードバック ………………… 45
1. はじめに ………………………………………………………………… 45
2. 理論 ……………………………………………………………………… 46
3. 研究 ……………………………………………………………………… 48
   3.1　間違いを訂正するべきか ……………………………………… 48
   3.2　いつ間違いを訂正するべきか ………………………………… 49
   3.3　どの間違いを訂正するべきか ………………………………… 50
   3.4　どのように間違いを訂正するべきか ………………………… 52
4. 授業での活用 …………………………………………………………… 53
   4.1　発音の間違いに対する訂正フィードバック（中学校）…… 57
   4.2　単語の間違いに対する訂正フィードバック（中学校）…… 58
   4.3　文法の間違いに対する訂正フィードバック（高校）……… 59
5. おわりに ………………………………………………………………… 60

第5章　ライティングのフィードバックの効果 ················· 63
1. はじめに ·· 63
2. 理論 ··· 64
 2.1　インタラクション仮説 ···································· 64
 2.2　社会文化理論 ·· 64
3. 研究 ··· 65
 3.1　フィードバックの効果に関する議論 ················· 65
 3.2　直接的WCFと間接的WCFの効果 ···················· 65
 3.3　フォーカスされたWCFとフォーカスされないWCFの効果
    ·· 66
 3.4　学習者の要因 ·· 67
 3.5　教員の要因 ·· 67
 3.6　個別指導におけるフィードバック ···················· 68
 3.7　フィードバックの活用 ···································· 69
4. 授業での活用 ··· 69
 4.1　ライティングを活用した時制の指導（中学校） ··· 69
 4.2　1つのセンテンスを4人1組で作成する活動（中学校）····· 71
 4.3　要約文を書く練習（高校）······························· 73
5. おわりに ·· 73

第6章　タスクを効果的に用いよう ······························· 75
1. はじめに ·· 75
2. 理論 ··· 76
3. 研究 ··· 77
 3.1　タスクの導入に関する研究 ······························ 77
 3.2　タスクの性質に関する研究 ······························ 78
 3.3　タスクの複雑さ ·· 79
 3.4　タスクの複雑さに関する研究 ··························· 79
 3.5　タスク前の準備時間に関する研究 ···················· 79

4. 授業での活用 ……………………………………………………… 80
　　4.1　ホストファミリー探し（中学校）…………………………… 80
　　4.2　夏休みの予定（中学校）……………………………………… 83
　　4.3　犯人の聞き取り調査（高校）………………………………… 85
　5. おわりに ………………………………………………………… 87

第7章　ペア・グループワークの潜在力を引き出そう……… 89
　1. はじめに ………………………………………………………… 89
　2. 理論 ……………………………………………………………… 90
　3. 研究 ……………………………………………………………… 92
　　3.1　ネイティブスピーカーのインタラクションとの比較 ……… 92
　　3.2　コミュニケーションの手法 …………………………………… 92
　　3.3　タスクの様式 …………………………………………………… 93
　　3.4　習熟度 ………………………………………………………… 94
　4. 授業での活用 ……………………………………………………… 94
　　4.1　問題点 ………………………………………………………… 95
　　4.2　協力的なクラスルーム環境を作り出す ……………………… 96
　　4.3　プライミング ………………………………………………… 97
　　4.4　意味のある練習 ……………………………………………… 99
　　4.5　フィードバック・トレーニング ……………………………… 101
　5. おわりに ………………………………………………………… 103

第8章　発音指導 …………………………………………………… 106
　1. はじめに ………………………………………………………… 106
　2. 理論 ……………………………………………………………… 107
　3. 研究 ……………………………………………………………… 108
　　3.1　世界全体の傾向 ……………………………………………… 108
　　3.2　指導の方向性 ………………………………………………… 109
　　3.3　4つの指導ポイント ………………………………………… 109

4. 授業での活用 ·· 114
　　　4.1 発音記号を使った指導法（中学校） ································ 115
　　　4.2 Fight-Club Technique（中学校） ····································· 118
　　　4.3 授業・家庭学習・小テスト（高校） ································ 120
　5. おわりに ··· 122

第9章　語彙指導 ·· 124
　1. はじめに ··· 124
　2. 理論 ··· 125
　　　2.1 語彙を覚えるとはどういうことか ································· 125
　　　2.2 どのような単語を覚えるべきか ···································· 126
　　　2.3 語彙の意図的学習と偶発的学習 ···································· 127
　3. 研究——効果的な語彙指導の原則 ······································· 128
　　　3.1 単語の意味はどのように与えるべきか ·························· 128
　　　3.2 語彙の創造的使用 ·· 128
　　　3.3 キーワード法 ·· 129
　　　3.4 テストが記憶を強化する ··· 130
　　　3.5 語彙の最適な復習間隔とは ·· 130
　　　3.6 干渉を避ける ·· 131
　4. 授業での活用 ·· 131
　　　4.1 フラッシュカードを用いた単語の練習（中学校） ············ 131
　　　4.2 穴埋め問題（中学校） ·· 133
　　　4.3 リーディング授業での語彙指導（高校） ························ 136
　5. おわりに ··· 139

第10章　語用論指導 ·· 141
　1. はじめに ··· 141
　2. 理論 ··· 142
　3. 研究 ··· 144

 3.1 アウトプット誘導型タスクの効果 ……………………………… 144
 3.2 インプット供給型タスクの効果 ……………………………… 146
 3.3 語用論的能力を向上させるにはどうすればいいか ………… 148
4. 授業での活用 …………………………………………………………… 148
 4.1 依頼・謝罪・断り（面識度の低い人との対話 1）………… 148
 4.2 依頼・謝罪・断り（面識のない人との対話）……………… 151
 4.3 依頼・謝罪・断り（面識度の低い人との対話 2）………… 153
5. おわりに ………………………………………………………………… 155

第 11 章　個人差とコンテクスト ……………………………………… 158
1. はじめに ………………………………………………………………… 158
2. 理論 ……………………………………………………………………… 159
3. 研究 ……………………………………………………………………… 161
4. 授業での活用 …………………………………………………………… 164
 4.1 対話例の活用法（中学校）…………………………………… 165
 4.2 リスニングでの活用法（中学校）…………………………… 165
 4.3 ライティングでの活用法（高校）…………………………… 166
5. おわりに ………………………………………………………………… 167

第 12 章　指導の評価──スキル学習理論の観点から ……………… 169
1. はじめに ………………………………………………………………… 169
2. 理論 ……………………………………………………………………… 170
 2.1 英語が使えるようになるとは
   ──スキル習得理論の観点から ……………………………… 170
 2.2 繰り返し練習で手続き化と自動化を達成する
   ──練習のべき法則とスキルの転移の限界 ………………… 171
 2.3 いつ評価するか
   ──スキル習得とスキル忘却の両側面から ………………… 172
3. 研究 ……………………………………………………………………… 174

	3.1 語彙処理 …………………………………………………………… 174
	3.2 文法処理 …………………………………………………………… 174
	3.3 シャドーイング，文復唱課題，自由発話課題……………… 176
4. 授業での活用 …………………………………………………………… 177
	4.1 ディクテーションテスト（中学・高校）……………………… 177
	4.2 シャドーイングテスト（中学・高校）………………………… 178
	4.3 スピーキングテスト（中学・高校）…………………………… 179
	4.4 ライティングテスト（高校）…………………………………… 180
	4.5 評価に関するＱ＆Ａ ……………………………………………… 180
5. おわりに ………………………………………………………………… 182

第13章 まとめ──フォーカス・オン・フォームの指導 ……… 184

原則1 コミュニケーション活動中に言語形式への意識を高めること ……………………………………………………………… 185
原則2 インプット中心の指導を充実させること ……………………… 185
原則3 インタラクションの機会を充実させること ………………… 186
原則4 個に応じた指導や場面を考慮した指導を行うこと ………… 186
原則5 指導の効果をパフォーマンス・テストで測定すること … 187

参考文献　190／索引　200／執筆者一覧　203

実践例で学ぶ
第二言語習得研究に基づく英語指導

第1章
文法指導はどのように変わってきたか

キーワード
　フォーカス・オン・フォーム，コミュニケーション，文法指導

アブストラクト
　本章では，第二言語習得研究（Second Language Acquisition research：SLA）に基づいて，言語教授法の歴史について概説する。文法中心のアプローチから，コミュニケーション中心のアプローチ，そしてフォーカス・オン・フォームに至るまでの簡単な流れについて，それぞれの具体例や問題点等を挙げながら，簡潔に説明する。

1. はじめに

　私は，毎年，「英語科教育法」の受講生（大学2，3年生）に，「どのように英語を教えたいですか」という質問を必ずします。そうすると，「基礎・基本の定着を徹底したい」，「文構造をきちんとつかませたい」というような意見から，「たくさん読ませたい」「コミュニケーション活動の中で何となくつかませたい」というような様々な答えが返ってきます。その理由も様々です。「高校のときにきちんと文法を勉強したおかげで，今コミュニケーションが取れている」「理解せずパターンとして暗記してもいろんな状況に使える知識にならない」というような意見があります。一方で，「教室で習う文法（語彙やフレーズ）は実際のコミュニケーションで役に立たない」「コミュニケーションの中でつかんだルール（語彙）こそが実際の会話に生きてくる」というような意見もあります。
　このような，第二言語はルールを説明して教えられるべきなのか，コミュニケーションの中で自然に触れさせるべきなのかというトピックは，SLAの最も重要な問題の1つです。本章では，まず，SLAの歴史の中で，言語教授法がどのように変化してきたのか，次いで現在はどのように教えるのがよいと考えられているのかをみなさんと共有したいと思います。

2. 言語教授法はどのように変化してきたか

　SLAは1960年代以降半世紀ほどの歴史しかないが，その間にも，言語教授法は大きく変化を遂げている。その変化は，「文法中心のアプローチ」から「コミュニケーション（意味）重視のアプローチ」へ，現在は「文法とコミュニケーションの両者を統合するアプローチ」へ移り変わっている，とまとめることができるだろう。以下では，まず，文法中心のアプローチを簡潔に紹介し，このアプローチの問題点を指摘する。次に，コミュニケーション中心のアプローチを紹介し，その批判について言及する。最後に，近年の試みとして，言語形式（文法のみならず語彙や音声等も含む）の指導とコミュニケーションの指導を統合しようとする試み（フォーカス・オン・フォーム）を紹介したい。

3. 文法中心のアプローチ

　文法中心のアプローチの代表としてよく取り上げられるのが，文法訳読法（grammar translation method），オーディオ・リンガル法（audio-lingual method），PPP（presentation-practice-production）である。これら3つの教授法は，以下で記述するように，細部では異なるものの，第二言語を教える際の最も重要な視点が言語の構造を教えることであるという点では，一致している。

3.1　文法訳読法

　文法訳読法は，18世紀の後半に導入され，19世紀のアメリカやヨーロッパにおける主要な言語教授法であったとされる（Fotos, 2005）。現在でも，日本の英語教育のような外国語教育では依然として人気がある。この方法では，目標言語を様々な要素（名詞，動詞，副詞，形容詞，冠詞，接続詞，前置詞等）やルールを説明したり，暗記させたり，教科書を母語に翻訳（またその逆も）したりしながら，演繹的に教える方法である。文法訳読法は，筆記中心で，目標言語の文学作品を読解したり，母語に関する知識や理解を高めたりすることも目標として掲げられている。

3.2　オーディオ・リンガル法

20世紀に世界中が二度の大戦に巻き込まれると，外国語を流暢に使いこなす能力が重要であると認識されるようになる（Fotos, 2005）。その結果，文法訳読法は徐々に人気を失うようになり，オーディオ・リンガル法という新しい教授法が提唱された。この方法は，文法ルールを，例文を通して，何度も口頭で繰り返し練習する（パターン・プラクティス）というものである。このアプローチの学習理論的な背景としては，19世紀後半から20世紀初頭にかけて，「刺激」と「反応」による「習慣形成」を最も重視する行動主義の考え方がある。

3.3　PPP (Presentation-Practice-Production)

文法中心のアプローチは現在も日本に限らず世界中の第二言語の教室では多くみられる。最も人気のある教授法が，PPPであろう。様々なモデルがあるのだが，ここでは典型的なパターンを紹介したい。日本では，村野井（2006）の「PCPP（presentation-comprehension-practice-production）」や佐藤・笠原・古賀（2015）の「改訂型 PPP」などが提唱されている。

PPPは，文字通り，Presentation（提示），Practice（練習），Production（産出）の3つのステージに分かれている。Presentationのステージでは，新しい文法ルール（たとえば規則動詞の過去形）が含まれるダイアローグ，テキスト，物語を聞かせたり読ませたりして，過去形のルール（動詞にed/dをつける）を導入する。Practiceのステージでは，そのルールを使って様々な練習を行う。たとえば，整序作文をしたり，穴埋めをしたりなどパターン練習が多い。Productionのステージは，先週末の出来事について話し合ったり，夏休みの出来事について書いたりするなど，実際のコミュニケーションに近い活動を通して，学んだルールを自由に使う。

現在では，PPPは情報処理理論（information processing theory）やスキル理論（skill acquisition theory）の考えに基づいている。前者に基づけば，ルールはPresentationステージで処理され（インプット），Practiceステージで記憶に貯蔵され，Productionステージで何度も使用・検索（アウトプット）される。スキル理論に基づけば（第7, 12章を参照のこと），まず，生徒はルールや構造に関する宣言的知識を学び（Presentationのステージ），次いで様々な練習を通して宣言的知識を手続き的知識に変換し（Practice

のステージ),さらにコミュニケーション活動を通して,手続き的知識を自動化させる(Production のステージ)。このような理論的な背景があるため,PPP は日本の英語教育だけに限らず世界中で依然として根強い人気があるのだろう(村野井,2006;佐藤・笠原・古賀,2015)。

3.4 文法中心のアプローチの問題点

　文法訳読法,オーディオ・リンガル法,PPP などの文法中心のアプローチを通して,学習者がコミュニケーション場面で使える言語知識を身につけることができるのだろうか。答えは,No と考える研究者が多い(和泉,2009)。ただし,PPP に関しては,Production ステージが機能すればコミュニケーション能力の習得は十分に可能だと考える人も少なくはない(佐藤・笠原・古賀,2015)。また,村野井(2006)は,Practice の前に理解中心の練習(Comprehension)を組み込むことで(PCPP),自然な言語習得プロセスに沿うと考えている。

　文法中心のアプローチが不十分だとされている主な理由は,

(1) 文法中心のアプローチの効果が高い証拠がほとんどないこと
(2) 文法をコミュニケーションと切り離して指導することが言語を習得する自然なプロセスにそぐわないこと
(3) 言語習得は宣言的知識の提供や練習では十分ではないこと
(4) 言語習得のプロセスは様々な認知的要因に影響を受け,文法指導によって簡単に変えられるものではないこと

などが挙げられるだろう。それでも,文法中心のアプローチが日本に限らず世界中で人気なのは,使いやすさ,計画しやすさ,評価しやすさ,生徒が目標項目を学習しているかを把握しやすいこと,教師自身がこの方法で教えられてきたことなどが挙げられる。ただし,ここでは,文法中心のアプローチが間違っているということを言いたいのではない。英語教育の目的や学習者の多様性を考えると,文法中心のアプローチは言語を教えるひとつの方法にすぎず,以下で紹介する,コミュニケーション中心のアプローチや言語形式とコミュニケーションを統合したアプローチにも目を向ける必要があるのではないかということである。

4. コミュニケーション中心の教授法

　コミュニケーション中心のアプローチによれば，言語学習のゴールはコミュニケーション能力（communicative competence）の習得と定義される。つまり，形式的な文法ルールや構造の学習は第一義ではなく，実生活におけるコミュニケーション場面において，相手の主張を理解したり，自分自身の思いや考えを相手に伝えたりする能力の習得こそが目標なのである。コミュニケーション中心のアプローチに大きな影響を与えたのは Krashen であるのは間違いないだろう。彼は，理解可能なインプット（comprehensible input）を十分に受け取った結果として，言語は無意識的・暗示的に習得（acquisition）されると主張し，文法ルールの明示的な教授を通して意識的に学習（learning）した知識はコミュニケーションには使えないとしている。

　コミュニケーション中心のアプローチには種類がいくつかあるが，文法指導をどの程度許容するかという点で異なっている。ここでは強い立場と弱い立場のみを紹介する。強い立場は，意味を重視したコミュニケーションのみを通して言語を教えるという立場をとる。ゆえに，文法指導は一切行わない。一方，弱い立場は，最終目標はコミュニケーション能力の習得ではあるが，学習者がコミュニケーション場面で文法を使ったり，練習したりするのを組み入れることが効果的であると考える。

　コミュニケーション中心のアプローチの強い立場は，まさに上述したKrashen の立場であり，教科指導を通して目標言語を教える「内容中心教授法（content-based language teaching）」や「イマージョン教育（immersion education）」もこの強い立場を根拠としている。さらに，強い立場は，「タスク中心の教授法（task-based language teaching）」にも大きな影響を与えている（第6章を参照）。タスク中心の教授法とは，簡単に言えば，（文法）形式重視ではなく，コミュニケーション場面における言語使用や意味を重視するタスクに従事させることであり，その意味で，コミュニケーション中心のアプローチの1つである。

4.1　コミュニケーション中心のアプローチの問題点

　上述した強い立場，つまり，文法形式に注意を全く払わず，意味重視の

活動を行えばよいと考えている SLA 研究者はほとんどいない。SLA では，そのような意味だけを重視するアプローチの問題点を指摘する研究が多く存在する。たとえば，カナダのイマージョン教育の研究がよく引き合いに出される。このプログラムでは意味ある内容（教科の知識）を通して言語に十分に触れているにも関わらず，学習者は完全に言語を習得することができないという。このことから，言語形式に注意を向けさせる何らかの手立てがなければ，学習者が高度な第二言語能力を身につけることはできないと考えられている。さらに，SLA 研究者の中では，コミュニケーション活動の中で，言語形式に注意を向けさせる指導を行うことが，単純に意味だけを重視する活動よりも，学習効果が高いということは一致している。これが，次に述べる，フォーカス・オン・フォーム（focus on form）である。

4.2 フォーカス・オン・フォーム——第3の道へ

　SLA では，これまで述べてきた文法中心のアプローチとコミュニケーション中心のアプローチが抱える問題を解決すべく，フォーカス・オン・フォーム（Focus on Form）という新しい概念が1980年代後半から1990年第前半に提唱された（和泉，2009；村野井，2006を参照）。フォーカス・オン・フォームは研究者によって定義は様々であるが，提唱者である Mike Long は当時（現在も）フォーカス・オン・フォームを，やりとり（たとえば教師と生徒）の最中にコミュニケーション上の問題が起きた後，簡潔に文法指導を行うこと（たとえばフィードバック）や指導対象は事前に選択しない等を想定していた（Long, 2015）。しかし，日本の英語教育の例を持ち出すまでもなく，第二言語（外国語）教育の様々な形態を考えれば，Long の定義は非常に狭いことは明らかであろう。まず，生徒1人が授業中で行うリーディング活動やライティング活動は含まれないように見える。また，やりとりを行う前に，気をつけたい文法ルールはどういうものかを教師が解説したりする場面も想定されていない。さらに，日本の英語教科書のように，単元ごとに文法項目を事前に設定して行う授業も対象外である。このように，Long の定義は日本の英語教育のコンテクストでは拡張して適用されなければならないのは明白である。

　本書では，Long よりも包括的で，かつ SLA 研究者に幅広く受け入れら

れているフォーカス・オン・フォームを紹介したい。それは本書の目的が日本の英語教育への示唆を提供することにあるためだからである。本書で紹介するフォーカス・オン・フォームとは，教師が，学習者をコミュニケーション（意味）中心の活動に従事させながらも，彼らの注意を何らかの形で言語形式（文法，語彙，音声，談話など）に向けさせるテクニック全般を指す（Nassaji & Fotos, 2011）。

4.3　フォーカス・オン・フォームにはどのようなものがあるか

　日本の英語教育の実情に照らし合わせたフォーカス・オン・フォームには，様々なタイプが考えられよう。たとえば，Unitの目標項目である過去形がたくさん含まれている文章を用意し（その意図は伝えない），あくまでその文章に書かれてある内容を理解するのが目的であると伝える（読解後に内容理解に関する質問をすると伝える）。こうすることで，学習者の注意はあくまで文章内容の理解に向けられるのだが，目標項目の頻度が多ければ，学習者は自然とそれに気づくかもしれない。この指導テクニックをインプット洪水（input flood）やインプット強化（input enhancement）という（2，3，10章を参照）。また，昨日あった出来事を口頭や筆記で報告させ，そこでターゲットである過去形のエラーが生じたら，フィードバックをするという方法も考えられよう（4，5，7章を参照）。ここでも，学習者が意味を他者に伝えることを活動の第一義としているが，言語形式についても注意が向けられように操作しているのがおわかりいただけるだろう。このように，コミュニケーション活動に従事させながら，事前に選択した言語形式に学習者の注意を計画的に向けさせるテクニックを，計画型フォーカス・オン・フォーム（planned focus on form）という。

　計画型とは異なり，事前に言語形式を選択せずに，コミュニケーション中にエラーが生じたら，フィードバックを簡潔に行うということも考えられる（4，5，7章を参照のこと）。たとえば，特にどのような文法項目かを意識せず家族の紹介を生徒に行わせれば，様々なエラーが出てくるが，それらすべてに対してフィードバックする方法（unfocused / comprehensive feedback）や主語と動詞の一致だけに絞ったフィードバックを行う方法（focused / selective feedback）もあるだろう。また，コミュニケーション

活動中に生徒が言語形式に関して質問してきたり，生徒の様子をみて何らかの共通する間違いを見つけたりしたら，簡潔に文法説明を行うということも考えられる。このように，事前に目標項目を選択せずに学習者の注意を言語形式に向けさせるテクニックを，偶発型フォーカス・オン・フォーム（incidental focus on form）という。Long は当時も現在もこのタイプをフォーカス・オン・フォームとして想定している（Long, 2015）。

　最後に紹介したいのが，コミュニケーション活動を行う前に何らかの準備をさせたり，活動を繰り返させたりすることで，学習者の注意を特定の言語形式に向けさせるというテクニックである。たとえば，英作文の課題で，アイディアを簡単に書き出させてから（ブレイン・ストーミング），英作文に取り組ませるというものである。アイディアが決まった後に英作文をさせるので，学習者は英文そのものを書くこと自体に，そして言語形式に集中することが可能になる。これをタスク・プランニング（task planning）という（6 章を参照）。また，同じ活動を交替して次々と順番に行わせるということも考えられる。繰り返すことによって，流暢に話すことができるようになったり，正確に話したりすることができるようになる。これをタスクの繰り返し（task repetition）という（7 章を参照）

　このようにみてくると，フォーカス・オン・フォームという指導テクニックは，意味のあるコミュニケーション，言語形式への指導の機会，インプット，アウトプット，フィードバック，やりとり，練習の機会を提供していることに気づくであろう。フォーカス・オン・フォームは，生徒のニーズに合わせ，様々なコンテクストや学習者要因（たとえば，年齢，発達段階，言語学習適性）をも考慮して行わなければならない（11章を参照）。場合によっては，本書で紹介するフォーカス・オン・フォームは，外国語教育ではよくみられる，文法訳読法，オーディオ・リンガル法，PPP 等の文法中心のアプローチに基づく方法も含んでいる広い概念として定義している（8, 9 章を参照）。

5．まとめ

　本章では，言語教授法の20世紀の変遷を簡潔に記し，近年の文法指導の流行，最後にはフォーカス・オン・フォームについて言及した。近年で

は，教師，教師教育関係者，SLA研究者は，コミュニケーション能力の習得における言語形式指導の重要性に関する認識をひとつにし，コミュニケーション（意味）中心の活動の中に言語形式指導の要素を組み込むテクニックについて活発に議論したり，研究したりしている。第二言語を学ぶ目的はコミュニケーション能力の育成，つまり，学習者が真のコミュニケーション場面で言語を正しくかつ流暢に使うことができる能力を育むことにある。2章以降は，フォーカス・オン・フォームの理論や研究について簡素にまとめてもらい，検定教科書を使用したフォーカス・オン・フォームのテクニックを紹介したい。

◆ ディスカッション・クエスチョン
1) 文法中心のアプローチにはどのようなメリット・デメリットがあるだろうか。
2) コミュニケーション中心のアプローチにはどのようなメリット・デメリットがあるだろうか。
3) フォーカス・オン・フォームにはどのようなメリット・デメリットがあるだろうか。
4) PPPはフォーカス・オン・フォームとしても考えられるだろうか。それはどうしてだろうか。

◆ 文献案内
① ジャック C. リチャーズ & シオドア S. ロジャーズ（2007）『アプローチ & メソッド 世界の言語教授・指導法』（高見澤孟 監訳）東京：東京書籍

本書は，ケンブリッジ大学出版会から出ている *Approaches and methods in language teaching : A description and analysis*（1986年）の翻訳である。20世紀の言語教授法で最も代表的な指導法について解説している。取り上げられている主なものは，オーラル・アプローチ，オーディオ・リンガル法，TPR，サイレント・ウェイ，サジェストペディア，コミュニカティブアプローチ，タスク中心の教授法である。本書を読めば，様々な指導法の利点と欠点を深く理解し，自身の教授法を確立するのに役立つであろう。また，言語教育の歴史も概観することができる。

② 和泉伸一（2009）『「フォーカス・オン・フォーム」を取り入れた新しい英語教育』東京：大修館書店

　本書には，文法中心のアプローチ（文法訳読法とオーディオ・リンガル法）やコミュニケーション中心のアプローチ（内容中心教授法とタスク中心の教授法），フォーカス・オン・フォームの理論的背景や具体的な指導実践例が豊富に書かれている。その意味で，理論と実践が融合されている良書である。それが可能なのは，著者がフォーカス・オン・フォームの研究の第一人者であるからだろう。

③ Fotos, S.（2005）. Traditional and grammar translation methods for second language teaching. In E. Hinkel（Ed.）, *Handbook of research in second language teaching and learning*（pp.653-670）. Mahwah, NJ：Lawrence Erlbaum Associates.

　本書は，現在でも，日本人の英語教師に好まれている文法中心のアプローチ，特に文法訳読法の歴史について詳細に記述されている。現在のコミュニケーション中心の言語教授法の基盤となったヨーロッパにおける言語教授法の歴史を概観している。著者は日本の大学で教鞭をとっていたこともあり，日本のような外国語環境における文法中心のアプローチについての必要性や理解を示しつつ，文法訳読法とコミュニケーション中心のアプローチの統合を提案している。

第2章
目標項目を目立たせよう——インプット強化

キーワード
　インプット強化，インプット洪水，気づき，注意

アブストラクト
　インプット強化（Input Enhancement）とは，リスニングやリーディング教材の中の特定の言語項目（単語，文法，発音など）を意図的に目立つよう工夫することにより，その項目に学習者の注意を引くことをねらいとした指導技術である。

1. はじめに

　みなさんは，英語の授業を英語で受けた経験がありますか。もし経験がなければ，英語のみ，またはほぼ英語のみで行われる授業を想像してみて下さい。教師が主に日本語を使う授業と比較して，自分の英語コミュニケーション能力を高めるにはどちらがより効果的だと思いますか。それはなぜですか。英語などの第二言語（外国語）を習得するためには，その言語による多量のインプット（聞いたり読んだりして受け取る情報のこと）が必要であると言われています。しかし，日本にいながら，ただ英語をたくさん聞いたり読んだりしていれば，自然に英語を身につけられるのでしょうか。残念ながらそう簡単にはいかないこともまた経験を通して感じているのではないでしょうか。

　では，どのような英語インプットが習得に効果的なのか，今度は，教師の立場になって考えてみましょう。あなたは，すでに一般動詞の現在形（例：I usually play tennis on weekends.）を学んだ生徒たちに対して，初めて過去形（例：I played tennis last weekend.）を授業に導入することになりました。第二言語習得には第二言語によるインプットが重要であることから，英語を使って過去形を導入することにしました。英語インプットを理解してもらうためにはどのような工夫をしますか。

認知的アプローチに基づくこれまでの第二言語習得研究（Second Language Acquisition research：SLA）では，学習者が聞いたり読んだりしたインプット内の情報を習得するためには，まずは何らかの形でその情報に気づかなければならないと考えられています（Schmidt, 1990）。つまり，学習者がインプット内の語彙や文法，発音などの言語項目を習得するためには，その項目に気づくことが前提となります。
　では，どうすれば気づいてもらえるのでしょうか。その方法のひとつと言われているのが本章で取り上げる**インプット強化**です。インプット強化には，肯定的インプット強化（positive input enhancement）と否定的インプット強化（negative input enhancement）があります。否定的インプット強化は，学習者が目標言語項目を誤って使用した場合に，教師が直接指摘したり，表情やジェスチャーなどで間違いであることを知らせたりする方法です。いわゆる，訂正フィードバック（corrective feedback）のことですが，フィードバックについては第3，4章で取り上げます。本章では肯定的インプット強化に焦点をあてます。以下，インプット強化と言えば，肯定的インプット強化のことを指します。

2. 理論

2.1　インプット強化とは

　インプット強化（肯定的インプット強化）とは，教師が，インプット内の目標言語項目に学習者が気づきやすくなるように，意図的にインプットを操作し指導に用いる技術のことである。先の一般動詞・過去形の導入を例にとると，教師が"played"の過去を表す"ed"をわざと強調して /d/ と発音してみることにより，過去形に生徒の注意を引くことが可能になる。このように口頭やリスニング教材などの音声でインプットを与える場合は，明瞭なイントネーションを使ったり，目標言語項目を繰り返したり，わざとゆっくり話したりして音声的に強調する。これを**聴覚インプット強化**と言う。
　一方，黒板や紙に書いて提示する場合，過去形を表す部分に下線などを引いて強調することにより（I play<u>ed</u> tennis last weekend.），そこに生徒の注意を向けることができる。このようにリーディング教材など文字でイン

プットを与える場合は，目標言語項目を太字にしたり，イタリックにしたり，フォントを変換したりして目立たせる方法，視覚インプット強化が用いられる。視覚インプット強化は，**テキスト強化**（textual enhancement）とも呼ばれる。

さらに，リーディングやリスニング教材に目標言語項目を多量に盛り込むことで目立たせようとする方法，**インプット洪水**（input flood）がある。いずれも，目標言語項目を意図的に操作することで際立たせ，その項目に学習者の注意を引くことを目的としている。

2.2 なぜインプット強化は効果的か

ではなぜインプット強化は第二言語習得に効果があると考えられているのだろうか。Gass 他（2013）による第二言語習得モデル（図1）をもとに考えてみよう。

図1　第二言語習得モデル（Gass 他，2013を簡略化したもの）

図1は，学習者が，外から入ってくるインプット（情報）を頭の中で処理し，話したり書いたりするアウトプットとして産出するまでの認知プロセスを示している。図1が示すように，第二言語習得の最初のプロセスは「気づかれたインプット」（apperceived input）である。つまり，インプット内のある目標言語項目を習得するためには，まず学習者はその項目に気づかなくてはならない。たとえば，前項で取り上げた一般動詞・過去形の導入を例にすると，生徒は，教師が "I played tennis last weekend." の ed（/d/）の過去を表す形態素の部分を強調して話しているのを聞き，それが何かはっきりとはわからなくとも，それまで耳にしてきた現在形の play とは異なることに気づくかもしれない。目標言語項目に対して気づきが起こると，外から入ってきたインプットは，学習者の頭の中で気づかれたインプットへと変換され，次に理解へと進む。

理解には，ある言語項目のおおまかな意味がわかるレベルから，その項目の詳細な構造がわかるレベルまであるが，次のプロセスであるインテイク（intake）に進むためには，質の高い理解が求められる。質の高い理解とは，ある言語項目の形式（from）が，どのような意味（meaning）を持ち，さらにどのような文脈（context）で使われるのかその機能（function）を理解することである。たとえば，"played" が "play" とは何かが違うことに気づいた生徒が，さらに教師が話している文脈から，教師は過去の出来事について述べていることを理解したとしよう。このように，気づかれたインプットの形式（"I play<u>ed</u> tennis last weekend"）と，その意味（私は先週末テニスを<u>した</u>）や機能（過去の出来事を伝える）が結びつけられるとインテイクへと進む。

　インテイクでは，気づかれ理解されたインプットが，学習者の言語体系の中へと取り込まれていく。ここでは，学習者は自分の持っている知識と照らし合わせながら，インプットに対してより深い分析をし，新しい知識体系を作っていく。たとえば，教師が過去の文脈で "played" や "watched" "studied" などの動詞を使っているのを聞いたり，文章で読んだりしている間に過去形の規則変化をする動詞でも発音（例：play<u>ed</u> /d/, watch<u>ed</u> /t/, stud<u>ied</u> /id/）やスペリング（例：play<u>ed</u>, stud<u>ied</u>）が異なる場合があることに気づく。

　このように既存知識と比較しながら目標言語項目に対してより深い気づきが起こると，図1のインテイクから統合に進むプロセスにおいて，学習者は過去形の規則変化について新たに仮説を形成していく。そして，さらに読んだり聞いたり新しい情報を入れながら，また書いたり話したり使いながら，自分が立てた仮説が正しいかどうか検証し，最後に統合にて，知識を統合・整理する。こうして，学習者の言語体系が発達するが，統合には，学習者がすでに持っている知識を自動的に使える知識へと変換させる役割もある。たとえば，過去形の規則変化をする動詞でも，語尾の音によって，過去を表す形態素 ed の発音が異なることを知っている学習者が，それらを意識的に使い分けたり，繰り返し例に触れたりしていくうちに，自然に使えるようになった場合がそうである。

　教師の重要な役割のひとつは，学習者の認知プロセスを促進するようなインプットを与えることと言えるだろう。そうであれば，英語より日本語

を使って明示的に指導した方が,学習者は理解しやすいのではないかと思うかもしれない。しかし,このプロセスで重要なのは,学習者自らが気づくことである。また,単に形式に気づくのではなく,その意味や機能(働き)と結びつけながら気づくことである。このような気づきを促すためには,意味の理解やメッセージの伝達を中心とする授業でなくてはならない。

　Schmidt (1990) は,学習者がインプットを処理する際の気づきに影響を与える要因の一部に,インプット内の目標言語項目の頻度(frequency)や知覚的特徴(perceptual saliency)を挙げている。インプット強化は,インプット洪水によって目標文法項目の頻度を高めたり,聴覚・視覚インプット強化により目標言語項目を知覚的に目立たせたりすることにより,学習者の気づきを高め,その結果,第二言語習得を促進しようとする指導方法である。教師がこのようなインプット強化の指導技術を使いながら,英語インプットを提供することにより,学習者は,目標言語項目に気づきやすくなると同時に,形式―意味―機能を結びつけやすくなると考えられる。

3. 研究——インプット強化は本当に効果があるか

　では,本当にインプット強化は第二言語習得に効果があるのだろうか。インプット強化に関する研究は,視覚インプット強化(テキスト強化)の効果を調査したものがほとんどであり,その中でも文法項目の習得を対象にしたものが多い。これまで主にインプット強化は,(1)目標文法項目への気づきや習得を促すか,(2)内容理解に影響するかについて検証されている。

　いずれにおいても結果は様々であり,明確な結論には至っていない。その理由として,たとえば,研究によって対象とされている目標文法項目が異なり,学習者がその項目に対して何らかの事前知識を持っている場合もあれば,全く持っていない場合もある。また,目標言語項目に触れる回数や期間が異なり,気づきや習得,理解を測定するためのタスクや方法も様々である。さらに,視覚インプット強化と一言で言っても,研究によって強化方法が異なることも挙げられる。たとえば,下線,太字,イタリック,大文字などのどれを用いるか,どう組み合わせるかで,どのぐらい学習者の注意が目標言語項目へ向くかが異なる可能性がある。この点に着目して,それぞれの方法を比較し,学習への効果を検証している研究も出て

きている（LaBrozzi, 2016, 本章文献案内参照）。

　しかし，これらの研究内容・方法の多様性を踏まえ，過去の研究結果を総合的に分析し，まとめた研究がある。Lee and Huang（2008）は，1981年から2006年までに出版された主な16の研究を取り上げている。その結果，若干ではあるが，視覚インプット強化は習得を促していることが示されている。その一方で，視覚インプット強化が，内容理解を阻害する可能性があることも指摘されている。しかし，その後，内容理解を阻害しないとする研究も出てきており（Winke, 2013），この点については今後もさらなる研究が望まれる。

　視覚インプット強化と語彙習得との関係を調査した研究（Barcroft, 2003など）では，おおむねその効果が示されている。Barcroftでは，スペイン語を学ぶ英語母語話者15人に，未習得のスペイン語の単語24個とそれに対応する英語をリストにして渡し，9.6分間学習してもらった。参加者のうち8名にはそのままのリストが，7名には，スペイン語24単語のうち，9個は目立つよう工夫されたリストが渡された。事後テストの結果，インプット強化による学習効果は見られなかったが，24単語のうち3単語のみを強調すると学習効果が見られた。インプット強化は，目標言語項目に対する学習者の気づきを促すことが目的であるが，この研究は，一度に多くの異なる単語を目立たせると学習者の注意が分散し，インプット強化の効果が相殺される可能性があることを指摘していて興味深い。

　一方，聴覚インプット強化に関する研究は，Cho and Reinders（2013）（本章文献案内参照）を除いてほとんどなく，今後の研究が待たれる。

　最後に，目標文法項目を多量に盛り込むインプット洪水に関する主な研究には，Trahey and White（1993）がある。Trahey and White（1993）は，11歳のフランス語を母語とする英語学習者らを対象に，インプット洪水は英語の副詞の位置の習得に効果があるか調査した。その結果，インプット洪水は，英語の正しい副詞の位置（SAV）の習得には効果があったが，フランス語では正しいが英語では正しくない副詞の位置（SVAO）の間違いはほとんどなくならなかった。この研究は，学習者はインプット洪水により，正しい文法構造に多く触れることができるが，通常，非文法的な構造はインプットに含まれないため，もしその非文法構造が母語で認められている場合は，第二言語での誤りに気づきにくくなることを示唆している。

インプット強化や洪水だけでは何が誤りであるかという**否定的証拠**（negative evidence）は与えられないため，これらを指導に取り入れる場合には，明示的指導やフィードバックと適宜組み合わせることにより，より効果を高めることができると考えられる。また，授業では前もってどの形式に注意して読んだり聞いたりするのか伝えたり，その形式に気づき，理解しないと答えられないような問題やタスクも合わせて行わせることにより気づきを高めることができるだろう（第6章を参照）。

4. 授業での活用

では，実際の授業ではインプット強化をどのように取り入れることができるだろうか。学習者に注意を払ってもらいたい言語項目があれば，オーラル・ディスカッションをはじめ，教科書のリーディング・パッセージや様々なアクティビティなどに，意図的にその項目を多量に盛り込むことができる（インプット洪水）。もし，すでに目標言語項目が教材に含まれていれば，その部分を強調させればよいし（聴覚・視覚インプット強化），その項目例が少なければ，さらに例を加えて強調できる（インプット洪水と聴覚・視覚インプット強化を合わせた方法）。

このような手法を織り交ぜ，集中的に目標言語項目を授業に組み込んでもよいし，単発で取り入れることもできる。これまでの研究では，インプット強化の効果は，学習者が目標言語項目に対して事前知識がある場合により得られることがわかってきている（Lee & Huang, 2008）。したがって，授業始めのウォームアップなどの5〜10分を利用して，復習として既習言語項目を強化したリスニングやリーディング活動を継続的にすることもよいと考えられる。

4.1 アクティビティ1 リスニングによる聴覚インプット強化（中学校）

【所要時間】10分
【対象】中学2〜3年生
【目標言語項目】物の位置を表す前置詞（in, on, under, by, above など）
【教材・準備物】部屋に様々な物が置かれた絵を用意する。物の配置がいくつか異なる2種類を用意（1つは教師用，もう1つは生徒用）。

Picture A

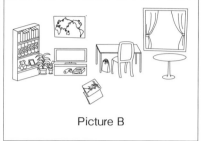
Picture B

【活用場面】復習（上記の前置詞を学んでから，しばらく時間が経ったところで復習として使用する。短時間でできるので，授業始めのウォームアップ活動で行える）。絵を変えることにより，様々な文法項目や語彙に焦点をあてることが可能である。

時間	活動内容	留意点
10分	・間違い探しタスクをする。異なる2種類の絵を用意し，教師は一方の絵を持ち，もう一方の絵を各生徒に配る。 ・教師と生徒の絵の間には，物の置かれている場所に違いがあることを説明し，教師の話を聞きながらその違いを見つけ，鉛筆で線を引いて正しい場所に物を置くよう指示する。 ・教師は口頭で絵を描写する。 （例）Look at the picture. This is my room. There are 3 differences between my picture and your picture. The location of some items is different. Listen to me carefully. Find these differences and put the items in the correct places by drawing a line with your pencil to the correct position. If an item is in the correct position, just circle the item.	生徒の習熟度によって，前もって絵にある物の英語名を確認しておく。内容理解を助けることで，目標文法項目に注意が向くようにする。 例を一緒に確認しながら，黒板で答えの記入方法を示す。

Let's try examples together. Can you find a bag? There is a bag **under** the table. **Under** the table.（これは正しい答えなので，生徒がかばんの絵に○ができているか確認する）. Next, can you find fashion magazines? The fashion magazines are **on** the table. They are **on** the table.（これは床に置かれていて，正しい位置ではないので，生徒がテーブルの上に移動する線を引けているか確認する） Let's start. Listen to me carefully. I like my room very much. I have many items, so I can enjoy doing various things in my room. For example, I have many DVDs **in** the bookcase. I have many DVDs **in** the bookcase（答えは○）. They are action movies and I sometimes enjoy watching them at night. I also have a game player **under** the TV. **Under** the TV（答えは○）. I usually play the game on the weekend. Also, there are some plants **by** the window（答えは×）. There are some plants **by** the window. I give them water every morning. Now, can you find a world map? There is a big world map **on** the wall **above** the table. ... **On** the wall **above** the table（答えは×）. I like looking at the map because ...（続く） ※下線は，強調して話す箇所。	目標文法項目である前置詞を少しゆっくり話したり，繰り返したりすることにより，<u>聴覚インプット強化</u>を行う。
・答えを確認する ・時間があれば，英語を使ってペアで答えを確認させたり，位置が間違っていた物に関しては，英作文で正しい位置を表現させて（例：There are some plants by the bookshelf.）アウトプット活動につなげる。	必要に応じて明示的説明をする。

4.2 アクティビティ2 リーディングによるインプット洪水（中学校）

【所要時間】10分
【対象】中学2～3年生
【目標言語項目】最上級，比較級，as ～ as
【教材・準備物】目標言語項目を多く盛り込んだ英文（インプット洪水）を作る。下記はオリジナル教材の一部であるが，教科書にあるリーディング・パッセージを使ってもできる。教科書の中から焦点をあてたい言語項目を含んだパッセージを選び，さらにその項目をより多く盛り込むことでインプット洪水の教材を作ることができる。本文内の太字・下線は，目標言語項目がどこに盛り込まれているのか読者がわかりやすいように強調したものであるが，実際にこのように強調すれば，インプット洪水に視覚インプット強化が組み合わされた方法になる。
【活用場面】復習（上記の文法項目を学んでから，しばらく時間が経ったところで復習として使用する）。
【留意点】本文を読ませる前に，本文に出てくる動物の名前など，難しいと思われる単語を確認しておく。Pre-reading 活動として，"What animals can run fast?" "What are the fastest animals in the world?" など質問し，予測させておく。

Fast Animals （一部掲載）

What animals can run fast? What are **the** fast**est** animals **in** the world? Do you know?

The fast**est** animals are cheetahs. They can run 110 km/h. If cheetahs run 100m (meters), it takes only about 3 seconds. So, cheetahs are **the** fast**est**, but many other meat-eating animals such as lions, leopards, and hyenas can run fast, too. What animals is **the** fast**est** of these three?

Lions are fast**er than** leopards and hyenas. So lions are **the** fast**est of** the three. They can run about 60-80 km/h. If lions run 100m, it takes only 5 seconds for them to cover this distance. After lions, which are fast**er**, leopards or hyenas? Both leopards and hyenas can run about 58 km/h. Leopards are **as** fast **as** hyenas.

Vocabulary: km/h = kilometers per hour 時速～キロメートル，seconds ＝秒
meat-eating animals ＝肉食動物

（問題例）
1. Are they true or false? Circle a correct answer.
   (1) **The** fast**est** animals are cheetahs.　　T / F
   (2) Lions are **as** fast **as** cheetahs.　　T / F
   (3) Lions are fast**er than** hyenas.　　T / F

4.3　アクティビティ3　リーディングによる視覚インプット強化（高校）
【所要時間】20〜30分
【対象】高校1年生
【目標言語項目】一般動詞の過去形，規則変化および不規則変化
【教材・準備物】*Compass English Communication I*, 大修館書店
　Supplementary Reading 1, A Child's Garden: A Story of Hope（pp.54-57）
【活用場面】
　教科書pp.54-57の（強調されていないそのままの）本文を読み，p.58 Comprehensionにある理解活動が終わった後で，下記のように視覚インプット強化がされた本文を読ませ（一部のみ掲載），問題に取り組ませる。このインプット強化されたテキストによる活動は宿題としても適している。

A Child's Garden: A Story of Hope

　The boy **saw** a green spot in the rubble after a night of rain. It face**d** the sun.

　He move**d** some broken bricks. Was the tiny plant a flower or a weed? He didn't know.

　The boy **found** some rainwater in an old can. He **brought** it to the plant.

　"Drink up," he whisper**ed**. "Drink up."

　The boy's world was a place in ruins surrounded by a barbed-wire fence. In the hot, dry summer, the air was dusty. The boy **knew** that cool streams flow**ed** in the faraway hills. His father **took** him there once, but now the hills were on the other side of the fence.

（問題例）
1. Answer the following questions.
   (1) What did the boy see in the rubble after a night of rain?
   (2) What did the boy whisper "Drink up" to?

(3) Where did his father take him to once?
2. What's the meaning of the story for you? Write your idea.
   （解答例）A small thing can lead to happiness.

5. おわりに

　高校では平成25（2013）年度から，また中学校でもまもなく「授業は英語で行うことを基本とする」ことになった。しかし，ただ英語でインプットを与えればよいというわけではない。学習者がインプット内の情報を自分の中に取り込むためには，まずその情報に気づかなくてはならない。そして，その言語項目がどのような意味を持ち，いつどのような目的で使われるのか，形式—意味—機能を結びつけることが重要である。本章で取り上げた視覚・聴覚インプット強化やインプット洪水は，学習者がこの認知プロセスを活性化できるよう，教師が手助けできる指導方法のひとつである。インプット内の目標言語項目を目立つよう工夫することで，文脈の中で，学習者の注意をその項目に向けることが可能になる。しかし，インプット強化は必ずしも学習者の気づきを保証しているわけではない。日常生活で英語に触れる機会がほとんどない日本のような環境では，学習者が効率的にインプットを取り込めるよう，何に注意して読んだり聞いたりするべきかをあらかじめ生徒に伝えるなど明示的な指導と組み合わせるとよいだろう。

◆ ディスカッション・クエスチョン
1) インプット強化の中でも最もよく使われる方法が視覚インプット強化（テキスト強化）であるが，これまでの研究では，目標文法項目によって視覚インプット強化の効果に差が見られるようである。視覚インプット強化により向いている文法項目とはどのような特徴を持つ項目だろうか。
2) インプット強化の長所と短所は何だろうか。
3) インプット強化によってある言語項目を目立つよう工夫しても，必ずしも学習者の注意がそこに払われるとは限らない。学習者の注意が向かないとしたら，どのような理由が考えられるだろうか。

4）これまでの研究によって，インプット強化は学習者の目標文法項目への気づきを高めることがわかってきているが，もしその項目に気づいたら，学習者はすぐに理解し，使えるようになるのだろうか。

◆ 文献案内

① Cho, M., & Reinders, R. (2013). The effects of aural input enhancement on L2 acquisition. In J. M. Bergsleinthener, S., N. Frota, & J. K. Yoshioka, (Eds.), *Noticing and second language acquisition*: *Studies in honor of Richard Schmidt* (pp.133-148). Honolulu: University of Hawaii, National Foreign Language Resource Center.

これまでほとんど見られなかった聴覚インプット強化に関する研究である。韓国人大学生72名を対象に，音声ソフトで機械的に操作した2種類の聴覚インプット強化は英語の受動態の習得に効果があるのかを検証している。リスニングの素材として，ある英語多読用の本に付属しているナレーションを使い，物語に出てくる受動態の前後に1.5秒のポーズを入れた音声と，受動態の部分が7〜10%遅くなるよう操作した音声を作成した。参加者は，携帯など自分の好みの機器を使って，課題としてナレーションを聞いた。

この研究は，リスニングを通して多量にインプット強化を学習者に提供する方法を提示しており，実践面でも参考になる。

② LaBrozzi, R. (2016). The effects of textual enhancement type on L2 form recognition and reading comprehension in Spanish. *Language Teaching Research, 20,* 75-91.

本研究は，アメリカの大学でスペイン語を学ぶ英語母語話者139名を対象に，6つの視覚的インプット強化方法(1)下線，(2)イタリック，(3)太字，(4)大文字，(5)フォント・サイズ，(6)フォントの変更，を比較し，どれが最もスペイン語の過去形を表す形態素の認識に効果があるかを検証している。その結果，フォント・サイズを大きくすることが最も効果があった。また，どのタイプもテキスト理解を妨げないことがわかった。実際によく使われる強化方法個々の可能性を比較していて興味深い。

③ Szudarski, P., & Carter, R.A. (2016). The role of input flood and input enhancement in EFL learners' acquisition of collocations. *International Journal of Applied Linguistics, 26,* 245-265.

　ポーランド語を母語とする18歳の英語学習者41名を対象に，(1) インプット洪水のみ，(2) インプット洪水＋視覚インプット強化が英語のコロケーション（例：動詞＋名詞 "hold a banquet" や形容詞＋名詞 "deep aversion" など）の習得に効果があるかを調査している。その結果，後者のみ効果が見られ，インプット洪水だけでは不十分であるが，視覚インプット強化を加えることで効果が得られることがわかった。これまでの研究は，インプット強化と文法習得との関係を調査したものがほとんどであったが，本研究は，熟語や慣用句などのコロケーションの習得にも貢献する可能性を示している。

第3章
目標項目の処理を手助けしよう——処理指導

キーワード
　処理指導，インプット処理，明示情報

アブストラクト
　　処理指導は，第二言語習得の最初の段階であるインプットを受ける認知処理に焦点をあてた指導法で，学習者に産出を要求せずアクティビティを通して文法形式とその意味のつながりを構築するのを目的としている。本章では処理指導の理論的背景と処理指導教材の作成手順を紹介する。

1. はじめに

　英語の授業といえば，先生が最初に文法や語彙の説明を行い，学習者が練習問題を解き，授業の最後に（時間があれば）習った項目を使った会話活動が行われる，というのが一般的ではないでしょうか。このアプローチの根底にある考えは，第二言語を身につけるには，まず文法法則や単語の意味を学び，それを文にあてはめる練習を繰り返すことで，やがて実際にその言語を話したり書いたりできるようになるというものです（第1章を参照）。それに対してVanPattenは，言語学習の初期段階では伝統的な産出重視のアプローチは，「車の走りを良くするために排気ガス（産出）を操作しようとしているようなもので，車のパフォーマンスを向上させるにはまずよりよいガソリンを使うこと（インプット）を考えるべきだ」（VanPatten, 1996, p.6）と主張しました。そして，「説明→練習→産出（PPP）」型の伝統的な指導はアウトプットのもとになる頭の中の第二言語能力の発達を促すものではないとし，言語習得が起きやすいインプットを主体とした（産出を要求しない）処理指導（Processing Instruction）を提唱しました。本章では，VanPattenを中心とした研究者が提唱する処理指導の理論的背景と教授方略，そして処理指導を扱った研究の成果をみていきます。

2. 理論

下の図 1 は，VanPatten が主張する第二言語習得に必要な過程である。

(1)インプット ⇨ (2)インテイク ⇨ (3)中間言語の変容・発展 ⇨ (4)アウトプット

図1　インプット処理モデル

(1) のインプットの段階では，学習者は第二言語での会話（意味のやりとり）の中で，対話の相手（または，音声教材，リーディング教材など）からその言語のインプットを受け，そのメッセージを理解しようとする。そして (2) のインテイク（intake）では，インプットによって与えられたメッセージを理解する経験の最中にインプット中に現れた文法形式とそれが表す意味のつながりを感知する。そして (3) の段階で，意味と形式のつながり（文法規則）が学習者の長期記憶（long-term memory）にとどまり，中間言語（interlanguage）と呼ばれる第二言語学習者の文法システムに組み込まれる。(4) の段階では，学習者は構築された中間言語を使って文を構築・産出する。このプロセスの中のインプットが言語習得に至る過程（段階 (1) と (2)）を VanPatten はインプット処理（input processing）と呼んだ。インプット処理により得た情報がワーキングメモリ（working memory）を介して長期記憶にとどまることで，中間言語の（再）構築，つまり言語習得が起こることになり，インプット処理は第二言語習得の前提であるとした。ただし，インテイクは中間言語が(再)構築されるための最低条件ではあるが，一度では不十分な場合も多く，何度も繰り返すことで初めて中間言語の構築が起きるとされている。学習者のアウトプットは構築された中間言語をもとにして実現すると考えるため，インプット処理が行われないと第二言語習得は起きない（つまりアウトプットもできない）と考えるのである。VanPatten はこのインプット処理を阻害する要因に注目し，学習者がそれを乗り越え効果的にインプット処理を行う手助けとなる教授法として，処理指導を提唱した。

2.1 インプット処理理論

　ここでは VanPatten があげたインプット処理の阻害要因について詳しく見ていく。上述のように，インプット処理（学習者がインプット中の文法形式と意味のつながりを構築するプロセス）は，学習者が第二言語のメッセージを理解することに集中し，かつインプット中の言語形式に注意が向いた時に起こる。しかし，VanPatten は学習者が言語のインプットを処理する際に用いる誤った方略が正しい処理を阻害する傾向があるとし，その方略をインプット処理原理（Input Processing Principles）と名付けた。VanPatten は，インプット処理原理は学習者の母語や第二言語にかかわらず普遍的に適用されるものであるとしている。

　インプット処理原理は大きく2つの原理と，それぞれの下位原理によって成り立つ。主要原理は以下の通りである。

原理1（Principle 1：P1）：意味優先原理（Meaning Primacy Principle）
　学習者はインプットを形式として処理する以前に意味として処理する傾向がある。
原理2（Principle 2：P2）：第一名詞原理（The First Noun Principle）
　学習者は文の最初に現れる名詞または代名詞を主語または動作主として認識する傾向がある。

　原理1（P1）によれば，学習者は第二言語のインプットを与えられたときに意味に注意を向ける。そのため，学習者の注意はインプット中のより意味のある部分に焦点があたり，意味度合の低い箇所には注意が向きにくい。原理1には6つの次の下位原理（P1a から P1f）が設けられており，どのような箇所に学習者の注意が向くのかを挙げている。

〇P1a：内容語優先原理（The Primacy of Content Word Principle）
　学習者はインプットの中の内容語を何よりも先に処理する。たとえば，dog のような名詞の方が is のような機能語より学習者の注意が向く。

〇P1b：語彙優先原理（The Lexical Preference Principle）
　学習者は単語と文法形式が同じ意味を表しているときは，単語から意味をとる。たとえば，過去形の形態素 -ed が使われている文に yesterday など過去を示唆する名詞が含まれる場合，学習者は形態素 -ed よりも名詞の

yesterday から過去の意味を認識する。

○ P1c：意味が重複しない情報の優先原理（The Preference for Nonredundancy Principle）
　学習者は文中の他の内容語と意味が重複しない文法形式を，重複する文法形式より先に処理する。たとえば，She is playing tennis. という文中の is は 3 人称・単数・現在という文法的意味を持つが，同じ文中の内容語 she も 3 人称・単数の意味を示すため，機能語 is の文法的意味の一部は内容語 she と重複しているといえる。一方，playing に含まれる形態素 -ing は，ここでは進行形の意味を持つが，他に進行形を表す内容語が文中になく，意味が重複していない。この場合，学習者は is の文法的意味（3 人称・単数）より -ing（進行形）の文法的意味を先に処理する。

○ P1d：意味のあるものが意味のないものより優先される原理（The Meaning-Before-Nonmeaning Principle）
　学習者は上述の意味の重複にかかわらず，意味のある文法形式を意味のない文法形式よりも優先して処理する傾向がある。意味のあるなしは，学習者にとって文の意味を理解するためにどれだけの価値があるかによって判断される。たとえば，He realized that the plane was full. という文では，学習者が文を理解するために接続詞 that が果たす役割は低いが，形態素 -ed は伝えられる事象が過去に起きたということを示しており，文の理解に果たす役割は接続詞 that よりも高いといえる。この場合，学習者の注意は接続詞 that より過去の形態素 -ed の方に向く。

○ P1e：入手可能情報原理（The Availability of Resources Principle）
　学習者が上述の重複する文法形式（P1c）や意味のない文法形式（P1d）を処理するためには，学習者の認知資源に余地があることが条件となる。つまり，これらの文法形式以外の部分（内容語，重複しない文法形式，意味のある文法形式）を学習者が処理しメッセージを理解しようとしたときに，その処理だけで認知資源を使い果たしてしまった場合は，重複する形式や意味のない形式を処理することができなくなってしまう。たとえば，意味の複雑な文や，知らない単語が含まれる文を処理しようとすると，メッセージの理解に負荷がかかり P1c や P1d の原理で処理が後回しになっ

た文法形式には注意が向かない可能性が高くなる。

○ P1f：文の位置原理（The Sentence Location Principle）
　学習者は，インプットの最初に遭遇する文法形式に注意が向き，その注意に負荷がかかる場合はその後の文法項目に注意が向かない傾向がある。P1aからP1eまでの言語形式による優先順位が同じである場合でも，学習者は文法形式が現れる順番にインプット処理を行うため先に現れた要素を優先して処理する。

　原理2（P2）の第一名詞原理では，学習者は文の最初に現れる名詞を動詞の動作主と認識する傾向があることを基本原理としている。たとえば英語の受動態は動作主より被動作主が先に来るため，学習者が受動態の文を見聞きしたときに被動作主（最初に現れる名詞節）を動作主と解釈してしまうとされている。VanPattenは，原理2に影響を及ぼす3つの要因を以下の3つの下位原理（P2a〜P2c）にまとめている。

○ P2a：語彙の意味原理（The Lexical Semantics Principle）
　学習者は文の意味を理解するときに，語彙の意味が理解できればそれに頼って文を解釈する傾向があるため，語彙の意味から解釈した内容が現実にはありえない，もしくは非常に起こりにくいと判断した場合には語順にまどわされず正しい意味解釈を行う可能性が高い。たとえば，The fence was kicked by the horse. という文で，学習者が語彙をすべて理解していた場合，fenceが動作主である可能性がないため，horseが動作主であると正しく解釈することが予想される。

○ P2b：事象の起こりうる可能性原理（The Event Probability Principle）
　学習者は語順による判断より，文が示す意味の事象が起こりうるかの判断により意味解釈を行う可能性がある。たとえば，The farmer was kicked by the horse. という文では，現実にはfarmerとhorseの両方とも動作主であることは可能であるが，一般的に起こりうる事象として後者が動作主である可能性が高いため，学習者はその判断を優先して語順にまどわされず正しく解釈する可能性がある。この場合，学習者が文を正しく理解していることが前提となる。

○ P2c：コンテクストの制限原理（The Contextual Constraint Principle）
　学習者は文が示す内容が与えられたコンテクストに合わない場合には，語順に頼らずそのコンテクストから引き出される可能な解釈をすることがある。たとえば，Mary was attacked by Rob. という文では，Mary も Rob も動作主である可能性は同等にあるため，原理2が適用され学習者は語順に影響されて Mary が動作主（Mary attacked Rob.）と考える可能性がある。しかし，この文が Mary was in the hospital because she was attacked by Rob. であった場合は，主節（Mary was in the hospital）が与えたコンテクストから Mary は被動作主であると解釈するのが自然である。これにより学習者は語順にまどわされず文を正しく解釈する可能性がある。

　VanPatten は，上記の3つの下位原理は学習者が原理2のルールに従わない解釈をする場合による異なる情報源を示したものであり，P2a（語の意味），P2b（解釈した事象の可能性），P2c（与えられたコンテクスト）は，別々に扱われるべきだと強調している。

2.2　処理指導

　VanPatten は，学習者が第二言語を習得するためには上に挙げた原理を乗り越え正しいインプット処理をする必要があると主張し，その過程を手助けするための教授法として処理指導（Processing Instruction）を提唱した。処理指導はインプット処理原理を乗り越えることを目的としているため，指導の準備段階ではまずどの原理を対象とするのかを考える必要がある。原理1は学習者が他の要因にまどわされて特定の文法形式に注意が向かないことが問題であるため，英語の規則動詞の過去形など形態素が主な対象文法形式になる。たとえば，内容語と意味が重複する形態素 -ed はインプット処理の際，気づきが起こりにくいため，その形態素の意味処理が必要となるようにインプットを操作する。一方，原理2では語順にまどわされて学習者が正しく意味と形式のつながりを作れないことが問題となるため，英語の受動態など特定の統語的な文法項目を対象とすることになる。この場合は，語順にまどわされないで意味処理を行う必要があるようにインプットを操作する必要がある。したがって，処理指導はまず対象とする文法項目と適用するインプット処理原理を決定することから始まる。

対象文法項目とインプット処理原理が決まると，次は処理指導のための教材を作成する段階となる。処理指導は，明示情報（explicit information）と構造化されたインプット活動（structured input activity）の2つの要素に分けられる。明示情報は任意であるが，インプット活動は処理指導の中心であり必ず含まれる必要がある。以下，それぞれの要素で使用する教材について詳しくみていく。

2.3　明示情報

　明示情報は処理指導の最初に提示される。Benati（2004）によると，処理指導に使われる明示情報は，対象文法形式の説明と特定のインプット処理方略の2つの要素からなる。

　文法形式の説明では，文法構造（形式）やその意味などが明示的に説明される。たとえば英語の受動態であれば，受動態を表すための形式（名詞句＋be＋動詞の過去分詞）とその意味（主語になる名詞句は被動作主となり，動詞の動作主は，文のあとに任意にby＋名詞句で表される）といった情報が提供される。

　一方のインプット処理方略では，学習者が文法形式を正しく処理するために取るべき方略，つまりインプット処理原理をどう乗り越えるかを明示的に説明・指導する。この部分では学習者が実際にインプットを与えられたときに注意を向けるべき箇所と情報処理方略を説明する。たとえば上述の受動態であれば，「文を読んだり聞いたりするときには，最初の語（主語）の後にbe動詞があるかどうか，それに動詞の過去分詞形が続くかどうかに注意をする。もし，そうであればこの主語は動作の受け手だと考える。」といった指示になる。

　このように，文法形式の説明に続きインプット処理方略を与えることで，学習者はインプット処理原理にとらわれずに正しい認知処理を行う方法を明示的に理解することができるのである。この明示情報を受けた後に，次に説明する構造化されたインプット活動を行うことで，学習者はインプット方略についての明示的知識を実際の言語処理に応用することができると考えられる。

　インプット処理の研究者によると，明示情報は処理指導の必要不可欠な要素ではない。構造化されたインプットが処理指導の基幹であり，明示情

報がなくても言語処理能力の発達に効果があるとされ，それを検証する研究も行われている。ただし，DeKeyser and Prieto Botana（2015）は，これまでの処理指導研究が明示情報を単発で短時間しか与えていないことを指摘し，繰り返し長時間与えた場合には明示情報が習得に明確な役割を果たすと主張している。

2.4 構造化されたインプット活動

　構造化されたインプット活動では，インプット処理が正しく行われるための練習問題が与えられる。ここで使われる問題はすべて，対象とする言語形式とその意味のつながりを正しく認識しなければ解けないものでなければならない。そのために，練習問題はすべて1つの文法形式だけを扱い，学習者がその文法形式の意味を正しく理解したかを確認する形がとられる。練習問題にはレファレンシャル活動（referential activities）とアフェクティブ活動（affective activities）の両方を含むことが推奨されている。

　レファレンシャル活動では，学習者は以下の例のような，文の意味を表す絵を選択するといった，正答が決まっているインプット処理問題を解く。

A dog was kicked by a cat.

　この場合，学習者が原理2（第一名詞原理）の処理を行い，最初の名詞を動詞の動作主だと理解すると誤りとなる。その場合，学習者に誤りであるというフィードバックを与えることで，正しい処理方略を知らせることにより，文法形式とその意味のつながりを学習者が構築することを促す。

　一方，アフェクティブ活動に使われる問題は，学習者自身の経験や状況について問う問題（次ページ参照）など，正答が1つではない問題を使う。以下の例では，問題は学習者自身の経験を述べることを要求しているが，問題の意味を理解するためには原理2を乗り越え，対象文法形式（この場合は受動態）を正しく理解する必要がある。

問題：あなた自身にあてはまる場合は○，あてはまらない場合は×を入れなさい。

| In the classroom, my teacher is often hugged by me. | |
| On the New Year's Day, I'm invited by my mother. | |

　また，レファレンス活動とアフェクティブ活動ともに，難易度に変化を持たせた問題を取り入れることが推奨されている。短文で構成された難易度の低い問題に始まり，長文やまとまった物語や会話などを取り入れたより複雑なものへと移行するのが望ましいとされている（Wang, 2004）。これは，学習の初期の段階では意味と形式のつながりを構築するのに時間がかかるため，短い文を与えることで学習者の処理時間をより長く持たせ，その後徐々に長い文やより意味を重視したまとまった文の中でつながりを構築する訓練に発展させていくことができると考えられるからである。

　問題作成にあたって最も重要なのは，処理指導に使われる文は，学習者が目的としている特定のインプット原理を乗り越える必要性を持たせることである。たとえば，英語の受動態はインプット処理原理2を対象としているので，練習問題を解くためには学習者が他の情報ではなく，受動態の形式に頼らなければ正しい理解ができないものでなければならない。つまりP2a，P2b，P2cの下位原理があてはまらないことを確認する必要がある。たとえば下記の問題文では学習者はAndyとan Olympic gold medalistという2つの名詞句を処理する際に，最初の名詞句Andyが動作主（トレーニングを施した）と理解する傾向がある（原理2）。ところが2つの名詞の意味からP2b（事象の起こりうる可能性原理）が作動し，学習者が正しい処理をする（金メダリストが動作主）可能性がある。したがって学習者は受動態そのものの形式に頼らずに正しい処理をする可能性がある。このような場合，構造化されたインプットはその役割を果たしていないことになる。

問題：下の文を読んでその意味として適切なものを選びなさい。
　Andy was trained by an Olympic gold medalist.
　　a) アンディがトレーニングを受けた。
　　b) オリンピックのメダリストがトレーニングを受けた。

しかし，問題を下の b′)のようにすれば，P2b は適用されず学習者は受動態の形式にのみ頼って意味を判断せざるを得なくなる。このように学習者が対象とするインプット原理を乗り越え，正しい処理をしなければ正答できない問題を作成することが不可欠なのである。

Andy was trained by his friend every weekend.
 a′) アンディがトレーニングを受けた。
 b′) 彼の友達がトレーニングを受けた。

3．研究

　これまで見てきたように，処理指導は学習者に言語の産出を要求せず，効果的なインプット処理をするよう仕向ける指導法である。では，はたして第二言語の産出を要求することなく学習者の産出能力を伸ばすことができるのであろうか。この問題についてはこれまで数多くの研究者が処理指導と他の産出中心の指導との比較検証を行ってきた。初期の研究は，処理指導と「伝統指導（traditional instruction）」を比較したものが多い。伝統指導とはアウトプットを中心とした指導法で，明示文法情報の提示後，機械的な発話練習を行い，より自由な意味のある発話練習に移行するという段階を踏む（第 1 章を参照）。最近の研究では，伝統指導の代わりに「意味のあるアウトプット指導（meaning-oriented output instruction）」が比較対象になっている。意味のあるアウトプットとは，「構造化されたアウトプット（structured output）」とも呼ばれ，構造化されたインプットに使用される問題形式を保ちつつ，言語の産出を要求するというものである。構造化されたアウトプットは，構造化されたインプットと同じくレファレンシャル活動とアフェクティブ活動で構成される。学習者に口頭または筆記による言語産出を要求し，学習者は産出においてインプット処理方略を乗り越え，正しい文法形式を産出することが要求される。このような構造化されたアウトプット指導の他に，機械的なドリルを使った産出指導や，ディクトグロス（dictogloss），インタラクションタスクをインプット処理指導と比較した研究が報告されている（第 6 章を参照）。これらの研究成果を総括したメタ分析（meta-analysis）（Shintani, 2015）によると，理解

テストでは処理指導が産出指導よりも高い効果があり，産出テストでは処理指導と産出指導は同等の効果があると示されている。しかし，Shintani (2015) は，これまでの処理指導研究の問題点として，インプット処理方略の説明を処理指導群にだけ与え，産出指導を受けた群には文法説明しか与えていない研究が大半であることを指摘し，両群に同じ明示情報を与えた研究だけを再検証している。その結果，処理指導は理解テストにおいて効果が高く，産出指導は産出テストにおいて効果が高く，その効果量の差はほぼ等しいことを示した。つまり，インプットを中心とした指導法は言語理解に有効で，産出を中心とした指導法は言語産出に有効という，スキル習得理論（skill acquisition theory）を支持する結果となったのである（7，12章参照）。また，DeKeyser and Prieto Botana (2015) は，多くの処理指導研究が比較的短時間の指導しか与えていないことを指摘し，これまでの処理指導研究からその結果の一般化は困難であるとした。DeKeyser and Prieto Botana はさらに，こういった問題点を考慮すると処理指導は理解能力に有効でアウトプット指導は産出能力に有効だと主張している。

Shintani (2015) は，メタ分析の結果をもとに処理指導の効果に影響を与える間接的要因として以下の4つを挙げている。

1. 処理指導は，直後テストでの効果の方が遅延テストにおける効果より高い。
2. 処理指導は，大人（主に大学生）に行う方が中・高校レベルの学習者に行うより効果が高い。
3. 処理指導は，明示情報を含んだ方が含まない場合よりも効果が高い。
4. 処理指導は，原理1を対象とした方が，原理2を対象とするよりも効果が高い。

4について Shintani (2015) は，統語形式（原理2が扱う文法形式）の習得の方が形態素（原理1が扱う文法形式）の習得よりも難しいことを可能な理由としてあげている。さらに，今後必要な研究として，明示情報を与えない処理指導と産出指導の比較，子どもを対象とした研究，より習熟度の高い学習者を対象とした研究を挙げている。

4. 授業での活用

4.1 アクティビティ1 複数形の形態素 -s（中学校）

　ここでは中学初級レベルを想定して，複数形の形態素 -s を対象にしたアクティビティを紹介する（*New Horizon*, Unit 4 を参照）。複数を表す形態素 -s は，可算名詞の後につく。インプット処理原理1bによれば，学習者は文法形式より語彙の意味を優先して処理する傾向があり，複数形の語（たとえば dogs）を見聞きしたとき，学習者は語彙（dog）を処理し，-s に注意が向かず，意味と形式の構築ができない傾向がある。したがって，処理指導では，学習者が形態素 -s を正しく処理することでしか回答できない問題文を作ることが必要になる。この条件を満たしたレファレンシャル活動（問題1）とアフェクティブ活動（問題2）の例を以下に挙げる。

問題1：英語を聞いて2つの絵のうちあてはまるものを選びなさい。

1. （音声：dogs）

① 　②

2. （音声：my bicycle）

① 　②

問題2：英語で示されたものをあなたが持っているかどうか，答えましょう。
　　　　複数の場合は複数持っているということになります。

	have	don't have
1. bicycle		
2. brothers		
3. mobile phone		

問題1は答えが1つなのでレファレンシャル活動，問題2は正しい答えがないのでアフェクティブ活動である。問題1は音声でのインプット，問題2は文字のインプットで，両方とも学習者の習得レベルに合わせてインプットは文単位ではなく単語が使われている。

4.2 アクティビティ2 規則動詞の過去形（中学校）

中級レベルを対象に規則動詞の過去形をターゲットとしたアクティビティ例である（*New Horizon* Unit 9 を参照）。規則動詞の過去形には形態素 -ed が付くが，原理1によると学習者は内容語（動詞）のみを処理して形態素 -ed に注意が向かない傾向がある。ここでも形態素 -ed の形式と意味を構築することによってのみ答えられる問題を作成することが重要である。レファレンシャル活動とアフェクティブ活動の例を1つずつ紹介する。

問題1：英文を聞いて，その文が表す状況としてどちらの可能性が高いか，a か b に○をしましょう。

1. （音声：Yukie played tennis.）
   a. Yukie はいつもテニスをしている。
   b. Yukie は昨日テニスをした。
2. （音声：I visit my aunt.）
   a. 私はいつもおばを訪ねる。
   b. 私は昨日おばを訪ねた。
3. （音声：Hideyo studied English in the library.）
   a. ひでよはいつも図書館で英語を勉強する。
   b. ひでよは昨日図書館で英語を勉強した。

問題2：下の文を読んであなたにあてはまる場合は○，そうでなければ×を記入しましょう。

	○・×
1. I practiced the piano in the morning.	
2. I cook curry and rice for dinner.	
3. I received LINE message from my teacher.	

問題3：次の英文はKenjiが書いた日記です。Kenjiが日曜日にやったことを下に書き出しましょう。

Sunday, July 2
I play tennis with my father on Sundays but he was busy today. I played tennis with my mother. I have a piano lesson, but the piano teacher was sick. I have an English test tomorrow. I studied English. I studied about 2 hours. My mother cooked curry and rice. She cooks very well.

日曜日にやったこと（日本語で）

　

問題1と3はレファレンシャル活動，問題2はアフェクティブ活動であるが，いずれも読み取る文は構造化されたインプットの原則を守り，学習者が過去形の形式と意味をつなげる認知的な作業をすることで内容が理解できるように作られている。また，問題1と2は短文を使って対象項目の処理がしやすいように作られているのに対し，それに続く3はまとまった文を用いて，インプット処理の負荷を高くしている。

4.3　アクティビティ3　受動態（高校）

　処理指導を高校初級レベルのアクティビティに活用した例として，過去形を含む受動態を取り入れた処理指導を紹介する。対象とするインプット処理原理は上述のとおり原理2（第一名詞原理）である。

　このアクティビティでは，レファレンシャル活動（問題1と4）とアフェクティブ活動（問題2と3）の両方が盛り込まれ，学習者の習熟度にあわせて短文を使った問題（問題1と2）から比較的長い文（問題3）まとまった文（問題4）を使うことで段階的に難易度を上げるよう工夫されている。

問題１：英語の文を聞いて２つの絵のうちあてはまるものを選びなさい。
1. （音声：The dog was bit by a cat.）
①   ②

2. （音声：Mari was invited to Ken's wedding party.）
①   ②

問題２：以下の文があなた自身にあてはまるかどうか答えなさい。

	あてはまる	あてはまらない
1. I was often asked questions by my teacher in the class when I was a primary school student.		
2. I am usually helped to complete homework assignments by my friends.		
3. At the school speech contest, I am always complemented by my friends.		

問題３：女性の有名人を１人選んで名前を書きなさい。下記の文がその女性にあてはまるかどうか判断して○か×を記入しなさい。

名前：

○か×	
	She is known by many people from other countries.
	She was invited to talk at the parliament in the past.
	She was elected as a prime minister in the past.

問題4：以下の文を読んで次の問題に答えなさい。

Yuka began working as a chef in an old restaurant last year. On an extremely busy Christmas day, Yuka was asked by the manager to go to the supermarket and buy some eggs. She had too many things for the Christmas dinner but she had to say yes. She went to the supermarket in her chef uniform. When Yuka was leaving the supermarket, she was talked by an old lady. The lady said "I always love the omelets at your restaurant. Do you cook them?" Yuka answered, "Yes, it's usually done by me". The lady smiled and took out a small Christmas ornament that she had just bought. "Let me congratulate your wonderful cooking skill. Merry Christmas".

以下の動詞を探し，その動作・行動をした人物を書きなさい。

asked	
talked	
done	

5. おわりに

　処理指導研究の功績は，これまで伝統的に行われてきた，初期段階で産出を学習者に要求する教授法を見直し，産出を要求せず効果的なインプット処理を促すことで第二言語の発達を図るというアプローチを提唱し，その効果を示したことである。ただ，この教授法は第二言語習得理論を背景に発展し，その実践は主にインプット処理理論の研究者によって実験という形で行われてきた。それらの多くの研究では，処理指導は理解力だけでなく産出力にも効果があり，アウトプットを取り入れた教授法に効果が勝ることが示唆されている。これは，英語の授業はすべて処理指導だけで事足りるということではない。産出自体にも学習効果があるという理論，研究も数多く存在する（アウトプットの効用については6，7章を参照）。VanPatten（2004）は，インプット処理理論は言語習得の比較的早い時期に学習者が直面する困難に焦点をあてたものであり，アウトプットが学習を促進するということを否定するものではないと述べている。実際の英語教育の授業においては，おそらく処理指導を授業の導入に取り入れ，後にアウトプット活動で産出を促すというのが教師の感覚にあった実践といえるのではないだろうか。

◆ ディスカッション・クエスチョン
1）明示情報に文法形式説明とインプット処理方略を入れる意義を説明してみよう。
2）構造化されたインプットにレファレンシャル活動だけでなくアフェクティブ活動を取り入れる意義を説明してみよう。
3）処理指導では教えられない文法項目，もしくは処理指導で扱いにくい文法項目はあるだろうか。

◆ 文献案内
①VanPatten, B（2004）. *Processing instruction: Theory, research and commentary*. Mahwah, NJ：Erlbaum.
　インプット処理理論とその実践について，理論の提唱者とそれを支持する研究者が詳しく解説している。第1章（VanPatten）ではインプット処理原理についての解説が詳しい例とともに示されている。第2章（Wang）は，過去の研究で適切な構造化されたインプット活動を行わなかった研究例が挙げられ，どのように処理指導教材を作成するべきか具体例をあげながら解説されている。処理指導を教室で導入したいと考える教師には必読の書である。

②Shintani, N.（2015）. The effectiveness of processing instruction on L2 grammar acquisition：A meta-analysis. *Applied Linguistics, 36*(3), 306-325.
　処理指導研究を概括したメタ分析が報告されている論文。これまでに出された論文から42の処理指導研究を量的にまとめ，処理指導と産出指導の効果の比較を横断的に行っている。主な分析結果は以下の通りである。1）処理指導は産出指導より理解力の向上に役立ち，産出指導は産出能力の向上に役立つ，2）処理指導は大人の学習者により効果があり，産出指導は学習者の年齢に関係なく効果があった，3）処理指導の効果は，明示情報の有無に左右されなかった，4）産出指導の効果は明示情報の方略説明の有無に左右された，5）原理1を対象とした処理指導の方が原理2を対象としたものよりも効果が高かった。それぞれの理由について詳しく解説している。

③DeKeyser, R., & Prieto Botana, G. (2015). The effectiveness of processing instruction in L2 grammar acquisition：A narrative review. *Applied Linguistics, 36*(3), 290-305.

　処理指導における明示情報の役割に焦点をあて，過去の文献を質的に検証した論文。これまでの処理指導研究が明示情報の効果は微小であると報告しているのに対し，それらの研究の問題点を指摘し，より妥当性の高い研究の必要性を訴えている。特に，これまでの研究はタスクが文法項目の使用を不可欠とするか（task essential），比較されるアウトプットタスクがコミュニケーションに焦点をあてているかどうかなどの点が研究ごとに異なり，一様な比較は不可能だとしている。

第4章
話す活動と文法指導——フィードバック

キーワード
訂正フィードバック，インプット供給型，アウトプット誘発型，卓越性

アブストラクト
訂正フィードバックとは，学習者が口頭で間違いを犯した時にそれを訂正する発話である。訂正フィードバックの効果は，その種類や組み合わせ，卓越性，訂正される言語項目，学習者の習熟度等，様々な要因によって左右される。

1. はじめに

　皆さんは英語を話すのが得意ですか。多くの人は，英語を話すことを苦手と感じているでしょう。それはどうしてでしょうか。その理由の1つとして，正しい英語を話せない，つまり間違った英語を話してしまうということが挙げられます。皆さんも授業中に緊張しながら英語を話して，間違ってしまった経験が1度はあるでしょう。その時先生はどうしましたか。間違いを直しましたか。あるいは無視しましたか。直したとしたらどのように直しましたか。教壇に立っている，あるいは立ったことのある読者の皆さんは，生徒の間違いを直しますか。直すとしたらどのように直しますか。
　この章ではこのように，学習者が話す英語に間違いが含まれている場合に，教師が意識的に言葉を使って，その間違いを直す訂正フィードバック（corrective feedback）について論じます（ライティングの間違いに対する訂正は，第5章を参照してください）。フィードバック（feedback）そのものには，例えば正しい答えを言った学習者を褒めるような訂正しないものも含まれますが，この章では間違いを訂正するものだけに絞って論じます。また訂正フィードバックには，（教師ではなく）他の生徒が行うもの，

無意識的に行われるもの，また言語を使わずに行うもの（例えば顔の表情やジェスチャー等）もありますが，本書の趣旨に合わせて，これらは割愛させていただきます。なお（教師ではなく）他の生徒が行うものについては，第7章を参照してください。

2. 理論

　数ある第二言語習得（second language acquisition）の研究トピックの中で，最もよく研究されて，かつ実際の教室内での指導に直接関係があるものが，恐らくこの訂正フィードバックであろう。その理由として，訂正フィードバックがほぼ例外なく，母語を含めてどの言語の教室でも見られることに加えて，研究者達にとっても，否定的証拠（negative evidence）が第二言語（second language）の習得に必要不可欠なのか等といった，言語習得（language acquisition）の根幹に関わる問題を含んでいることが挙げられる。

　最初は外国語の教室内において，教師がどのように訂正フィードバックを与えているのかという記述的研究（descriptive study）から始まり，その後，様々な訂正フィードバックの効果を測定する実験的研究（experimental study）が行われた。ある程度の数の実験的研究結果が揃ったところで，今度はそれらを統合したメタ分析（meta-analysis）が行われ，訂正フィードバックの効果に関するある程度の一般的な結論が出された。しかし訂正フィードバックの効果は学習者の個人差によって大きく左右されるため，現在ではこの個人差（例えばワーキングメモリ（working memory））が訂正フィードバックの効果にどのような影響を与えるのかというテーマについての研究論文も多く見られる。

　学習者の個人差と訂正フィードバックの関係を明らかにする研究は，第二言語習得そのもののメカニズムを明らかにする上では非常に重要な研究テーマである。しかしながら，数十人の学習者を一度に教える教室という学習環境においては，教師が学習者の個人差を考慮して授業を構築することはかなり非現実的である。よってこの章では学習者の個人差については，習熟度以外は考慮せず，結果を平均値化して導きだされた，あくまで一般的な研究結果を論拠としている（個人差については11章を参照）。千差万

別の個々の学習者の特徴を一番よく把握しているのは，他ならないその教室の教師である。よって教師自身によって，自分が指導している学習者の個性に関する知見を加味して，どのようにこの章や他の本等で提言されている間違いの訂正方法を適宜調整すべきかを判断していただきたい。
　訂正フィードバックは，教室内だけに見られる特異な現象ではなく，母語による会話の中でも見られるように，我々の日常生活に溢れているものである。親は自分の子どもに対して訂正フィードバックを与えることが研究で明らかになっている。よって教室内においても，母語を含むどんな言語をどのように教えたとしても，量や種類に違いはあれど，訂正フィードバックは必ず存在するものである。つまり，訂正フィードバックというものが研究によって認知されるずっと前から，言語教師は自然と訂正フィードバックを学習者に与えてきたのである。
　訂正フィードバックが英語習得に果たす役割として，学習者の発話の正確性を高めることにより，より相手に伝わりやすい英語を話せるようになる，という点が挙げられる。英語を聞いたり読んだりする時には，学習者の英語の知識や技能が不完全であっても，文章の前後関係や，学習者が持っている内容に関する知識等の助けによって理解できることもある。しかし話す時には，聞いたり読んだりする時には必要としなかったような，（ある程度）正しい単語を，正しい文法で繋げて，正しい発音で話すという技能が求められる。聞いたり読んだりする時には問題なく使える知識や技能が，話す時にも使えるとは限らない。例えば仮定法の文を読んで理解することは困難なくできても，それを正確に話すのは容易いことではないため，時制の使い方を間違ってしまうこともあるだろう。あるいは初めから仮定法における時制の使い方を知らずに，間違った文で話すかもしれない。前者のように知っているけれど使えない場合と，後者のように知らない上に使えない時の両方のケースにおいて，訂正フィードバックは効力を発揮する。
　様々な教室における記述的研究結果から，教師が最も多く用いる訂正フィードバックは一般的にリキャスト（recast，本章4節で後述）であることが分かっている。訂正フィードバックの直後の学習者の発言はアップテイク（uptake）と呼ばれ，訂正フィードバックの効果を測定するひとつの指標として使われる。アップテイクにおいて学習者が正しい発話をする

ことは、アウトプット（output）の回数が1回増えることを意味し、習得の観点からすると望ましいことだが、だからと言って、必ずしもそれが学習者の学びを保証するものではないことも分かっている。よって最近の研究では、テストによって訂正フィードバックの効果を測定するのが一般的である。しかし当然のことながら、訂正フィードバックを受けた直後のテストでは正解を導き出せても、その効果が持続しない現象も散見される。また訂正フィードバックの種類によって、暗示的知識（implicit knowledge：言語の使用に用いる無意識的な知識）と明示的知識（explicit knowledge：言語そのものに関する意識的な知識）のどちらに効果があるのか、訂正フィードバックの回数や頻度と効果の関係、上記の個人差と訂正フィードバックの関連など、今後の研究によって明らかにすべき未知の部分がまだまだ多く残されている。前述の通り、訂正フィードバックは、ほぼ例外なく全ての言語の授業において見られる指導法なので、英語教員のためにも、今後さらに研究が進むことが望まれる。

3. 研究

ここでは Hendrickson（1978）が挙げている、外国語教師が訂正フィードバックに関して意思決定しなければならない4つの項目に沿って、それぞれ解説していく（なお、Hendrickson は5つ目に誰が間違いを訂正するべきかという項目を設けているが、こちらについては第7章を参照していただきたい）。

3.1 間違いを訂正するべきか

まずそもそも、授業内において学習者が犯した口頭の間違いを直すべきかどうかという根本的な問題がある。読者の中には、学習者が間違いを指摘されることによって自信を失わないように、一切直すべきではないと主張される人もいるだろう。みんなの前で間違いを指摘されて、恥ずかしい思いをした経験のある読者もおられることだろう。実際、訂正フィードバックに懐疑的な外国語教師が存在することも過去の研究で確認されている。研究者の中にも同様の意見があり、例えば Truscott（1999）は、上記のこと以外にも様々な理由を挙げ、学習者の口頭の間違いを直すべきでは

ないと主張した。外国語の習得に訂正フィードバックが必要不可欠かどうかは意見が分かれるところだが，少なくとも以下の3つの理由により，本章では間違いは直すべきだと主張する。第一に，生徒が話した英語が理解できない時に，たとえ意識していなくても，教師はある種の訂正フィードバックを自然と与え，学習者が間違っていたことに気づかせている。よって訂正フィードバックに対していかなる信念（belief）を持っている英語教師も，たとえその数を減らすことはできたとしても，完全になくすことはできない。第二に，教師が思うよりも学習者は教師に，自分たちの間違いを直してくれることを望んでいることが，過去の研究で明らかになっている。最後にメタ分析により，訂正フィードバックには学習者の間違いを少なくし，正確性を高める効果があることが明らかになっている。訂正フィードバックは，教師が自然と使用するもので，かつ，学習者がそれを期待しており，さらにある程度の効果が保証されているのであるから，間違いは訂正すべきかどうかという議論よりも，どうすれば効果的に使用できるかという議論をする方が有益であると思われる。

3.2　いつ間違いを訂正するべきか

　学習者が授業中に口頭の間違いを犯した場合，その間違いに対していつ訂正フィードバックを与えるのか，という選択肢が教師にはある。間違いの直後，その学習者の発言終了後，一連の会話の終了後，その時に取り組んでいた活動の終了後，授業の最後等である。間違い直後に訂正した方が，学習者自身が自分の間違った発言を覚えている可能性が高く，リキャストのような正答を含む訂正フィードバックを与えれば，その正解と自分の間違いとを比較することが容易になるため高い効果が期待されるが，その一方で会話が途切れてしまうことになる。そのため活動の内容によっては，訂正フィードバックを後回しにする方が良い場合もある。例えば生徒がプレゼンテーションをしている最中に訂正フィードバックを与えるのは得策ではないだろう。訂正を後で行えば会話や授業の流れを阻害することは少なくなるが，学習者自身が自分自身の間違いを覚えていない可能性が高まる。これまでの研究では，訂正フィードバックのタイミングとその効果にはあまり関係がないという結果が出ているが，この論点についての研究論文はまだまだ数が少ないため，今後のさらなる研究が期待される。

3.3　どの間違いを訂正するべきか

　訂正フィードバックの効果の度合いが，訂正される言語項目によって異なることが，過去の研究により分かっている。言い換えれば，訂正フィードバックの効果が出やすい項目もあれば，出にくい項目もあるということである。その一例として，文法の間違いに対してよりも，単語や発音の間違いに対しての方が，一般的に訂正フィードバックの効果が高いことが分かっている。この理由として，以下の3つの要素が考えられる。

　1つ目は学習者の習熟度が挙げられる。例えば前述の仮定法の訂正フィードバックを，まだ英語を習いたての中学校1年生にしたところで，習得の可能性が低いことは明らかだろう。教師は学習者の習熟度が，訂正フィードバックの内容を理解し取り入れるのに適しているかどうかを見極める必要がある。その一方で，単語や発音に対する訂正フィードバックは，学習者の習熟度に関係なく効果が現れやすいと言われている。ただし全ての文法事項がこの習熟度の束縛を受けるとは限らないし，訂正フィードバックを受けた時には，その内容がまだよく理解できていなくても，後々になって適切な瞬間に思い出して習得に繋がる可能性もある。よって，一概に習熟度が低いから訂正フィードバックは全く役に立たないということはなく，単に効果が現れる時期が遅くなるだけかもしれないので，あえて訂正フィードバックを回避するような対応を取る必要はないと思われる。

　2つ目の理由として挙げられるのは卓越性（saliency）である。卓越性とは，簡単に言えば「ある言語項目がどのくらい目立つか」を示す。例えば同じ単語の間違いでも，機能語（冠詞や前置詞など）の間違いよりも内容語（名詞や動詞など）の間違いの方が，聞いている人にとっては気が付きやすい。この場合，前者よりも後者の方が，卓越性が高いと言える。単語や発音の間違いに対する訂正フィードバックは，通常その間違った単語や句だけが短く抜き出されて行われることが多く，かつ音声的に強調されることもあるため，卓越性が高く，学習者が自分が間違ったことと，その間違いが直されたことに気がつきやすい。その一方で，文法の間違いに対する訂正フィードバックは，たとえ1つの単語だけが間違っていたとしても，しばしば文全体が訂正されるために，上記の2点について気がつかないケースが多いことが考えられる。（例えば，Yesterday I go to school. と，go の過去形のみを間違った場合でも，訂正フィードバックが Yesterday I went to school. という文になるということである。）

　最後に3つ目の理由として，文法の規則性が関与していると考えられる。単語や発音に比して，文法にはルールが存在する。訂正フィードバックは短時間で行われるため，文法を長々と時間をかけて説明することは通常ない。せいぜいメタ言語的手がかり（metalinguistic feedback / clue / comment，これについては後述）で1文費やす程度である。そうなると学習者はしばしば，教師の訂正フィードバックから，その間違いに関する文法を帰納的に導きださなければならない。そのような思考が苦手な学習者がいるのも事実であるし，そうでなくとも規則性が乏しく，複雑で例外が多いような文法だと，学習者がそこから文法を自分で発見するのは至難である。事実，過去の研究では単純で規則的な文法項目の方が，訂正フィードバックの効果が出やすいことが分かっている。例えば前置詞に対する訂正フィードバックを受ければ，その場では発言を正しい形に直すことはできるかもしれないが，そこから前置詞のルールを推測することが困難なことは，英語学習者であれば想像に難くないだろう。以上のような3つの理由から，単語や発音の間違いの方が，文法の間違いよりも，訂正フィードバックの効果が出やすい傾向にあると思われる。

　また，このような言語項目による分類とは全く別の観点から，訂正すべき間違いを挙げることもできる。それはその授業や活動内で，学習者が習得することを目標としている学習事項である。訂正フィードバックとは，一般的に学習者の発言の中で偶発的に起こる間違いを直すものととらえられがちだが，そうなると教師は，数多くの種類の間違いのそれぞれに少数の訂正フィードバックしか与えないことになる。そのような一貫性のない訂正フィードバックは，しばしば学習者の注意を分散させてしまい，その効果を弱める可能性がある。それに対して，教師が学習者に習得してほしい言語項目を絞り，あえて他の言語項目の間違いを無視して，その間違いに対してのみ何度も訂正フィードバックを与えることにより，学習者の意識を限られた言語項目に集中させる機会を多く与え，訂正フィードバックの効果を最大限に発揮するという方策もある。過去の研究では，そのような集中した訂正フィードバックの優位性が報告されている。

3.4 どのように間違いを訂正するべきか

　訂正フィードバックがその効果を発揮するためには，まずは学習者に教師の発言が訂正フィードバックであるということを認識してもらう必要がある。そのためには訂正フィードバックの卓越性を高めることが1つの策として考えられる。既述したように，単語や発音の間違いに対する訂正フィードバックの効果が高い理由の1つとして，訂正フィードバックの短さとその発音の強調性が挙げられるのであれば，文法の間違いに対する訂正フィードバックも，訂正箇所のみに絞って短くしたものを強調して発音することによって，その卓越性を高めることができるだろう。例えば先述のYesterday I go to school. という間違いに対して，Yesterday I went to school. と言うよりはWent. と言い切った方が，さらにはWENT. と強調した方が，学習者にこれは会話の流れの中の内容確認ではなく，訂正フィードバックだという意図が伝わりやすいだろう。ただしこの場合は，goの過去形がwentであるという知識がない学習者にとっては，何に対する訂正フィードバックなのか理解するのが難しいだろうから，そのような学習者に対しては，Yesterday I WENT to school. のように，訂正箇所を強調しつつ，全文を提示した方が効果的だろう。

　訂正フィードバックにどのくらいの卓越性を持たせるべきかという論点に対しては，「言語習得は，形式と意味に着目するバランスを調整することにより効果的に促進される」という前提の基に成り立っている，カウンターバランス仮説（counterbalance hypothesis; Lyster & Mori, 2006）が示唆を与えてくれる。要約すれば，言語項目の形式の習得を主眼に置いた学習時には，リキャストのような意味に注目を引かせる訂正フィードバックがより効果的であるが，逆に意味理解を中心に展開している活動時には，明確化の要求（clarification request，これについては後述）のような形式に注目させる訂正フィードバックを与えないと，会話の流れの中の発言だと勘違いされてしまい，訂正フィードバックが機能しない可能性が高いということである。具体例を挙げれば，仮定法の練習の一環として学習者に発言させた場合には，学習者は仮定法の習得が活動の目的であり，教師が仮定法の形式に着目していることを知っている上，学習者の意識もそこに注がれている。そのためリキャストにより，表現したい内容を正しい形で教師側から提示することにより，形式と意味の対応を認識しやすくなる。

逆に，例えば自由に会話活動をしている時であれば，活動中に学習者が仮定法を意識している可能性が低いため，あえて仮定法の形式に着目させるような訂正フィードバックを与えることにより，仮定法の形式に学習者の注目を引かないと，形式の誤りに気づきにくい，というものである。しかし学習者がどの程度教師の意図している言語項目を意識しているかを授業中に知る術はなく，また意識の度合いも刻々と変化しているのが現実である。よって教師はその時々のクラス全体や学習者個人の状態などを考慮して，訂正フィードバックの卓越性を調整するのが得策だと思われる。

4．授業での活用

この節では，まず最初に訂正フィードバックの種類を紹介し，その後で授業内における実践の具体例を提示する。訂正フィードバックは次の2つの変数によって分類することができる。1つ目の変数は訂正フィードバックの明示度（explicitness）である。明示度が高い訂正フィードバックは，学習者本人に間違っていたことが伝わりやすくなる一方，明示度が低い，つまり暗示度が高い訂正フィードバックではそれが伝わりにくくなる。2つ目の変数は教師が正解を提示するかどうかであり，教師が学習者に正しい答えを提示するインプット供給型（input-providing / reformulation）と，教師が学習者に正しい答えを提示しないで，学習者に言わせようとするアウトプット誘発型（output-prompting / prompt）に分けることができる。一般的にインプット供給型には2種類，アウトプット誘発型には4種類の訂正方法が挙げられる。

以下にそれらを，Lyster and Saito（2010）を参考にして，暗示的なものから明示的なものの順番に提示する（次ページ表1）。例では，学習者がYesterday I go to school. と発言した場合における具体的な訂正方法も併せて紹介する。ただし訂正方法の例はあくまで代表的なものであり，これら以外にも様々なバリエーションが考えられる。また，訂正方法の例は全て英語になっているが，随時日本語で置き換えることもできる。

名称	分類	説明	例
リキャスト（recast）	インプット供給型・暗示的	学習者が発言した意味内容を変えることなく，教師が間違いを訂正して言い直す方法。	Yesterday I went to school.
明示的な訂正（explicit correction）	インプット供給型・明示的	学習者の発言が間違っていることを明示して，かつ正しい形を提示する方法。	Not go. Went.
明確化の要求（clarification request）	アウトプット誘発型・暗示的	学習者が発言した内容が分からない，あるいは聞こえないことを教師が伝える方法。	I'm sorry?
繰り返し（repetition）	アウトプット誘発型・やや暗示的	学習者が話した間違いを含む文をそのまま教師が繰り返す方法。	Yesterday I go to school?
誘導（elicitation）	アウトプット誘発型・やや明示的	学習者に正しいアウトプットをさせるために，教師が質問や不完全な文を言う方法。	Yesterday I ... .
メタ言語的手がかり（metalinguistic feedback）	アウトプット誘発型・明示的	学習者が犯した間違いに関するメタ言語的な知識を教師が与える方法。	You need to use the past tense.

表1　訂正フィードバックの種類

　明示的な訂正フィードバックには，学習者が訂正フィードバックだと気づきやすいという利点がある一方で，学習者が間違ったことが周囲に気づかれやすく，学習者を辱める可能性が高いという欠点がある。その逆に，暗示的な訂正フィードバックには，学習者が間違ったことが周囲に気づかれにくく，学習者を辱めない可能性が高いという利点がある一方で，学習者本人も訂正フィードバックだと気づきにくいという欠点がある。特にリキャスト，明確化の要求，繰り返し等は，会話の流れの中で，単に内容を

確認するための発言だと勘違いされることもある。つまり前述した通り，訂正フィードバックが効果を発揮するためには，学習者に訂正フィードバックであると認識してもらう必要があるため，訂正フィードバックを明示的にすることにより卓越性を高めることが望ましいが，明示的にすればするほど，学習者を辱める可能性が高まるというジレンマが発生する。続いてインプット供給型とアウトプット誘発型の利点，欠点としては，以下のようなものが挙げられる。

	利点	欠点
インプット供給型	・学習者の発言が間違っていたという否定的証拠に加えて，正しい答えとして肯定的証拠（positive evidence）も同時に提示するので，学習者が全く知らない言語項目に対しても有効である。 ・学習者からのアウトプットを求めない分，短時間で終わる。よって会話を中断する度合いが低く，元の話題に比較的戻りやすい。	・教師が正解を提示してしまうことにより，学習者自身が正解を考える手間が省かれるため，記憶に残りにくい可能性がある。 ・訂正フィードバックに続いて，学習者が正しく言い直す必要性がないので，記憶に残りにくい可能性がある。 ・学習者が正しく言い直した場合でも，単に教師の提示した正解をオウム返ししているだけの可能性がある。
アウトプット誘発型	・学習者自身が正解を考える手間をかけることと，正解をアウトプットすることにより，正解が記憶に残る可能性が高まる。	・教師が正解を提示しないために，学習者に正解の見当がつかない場合，学習者が困ってしまう可能性がある。 ・学習者からのアウトプットを求める分，時間がかかり，会話を中断する度合いが高い。

表2　インプット供給型・アウトプット誘発型訂正フィードバックの利点と欠点

　インプット供給型とアウトプット誘発型のそれぞれの利点を活かすために，上記の6つの訂正フィードバックを複数組み合わせて用いることもできる。組み合わせの方法には2つあり，1つは一回の教師の発言にまとめてしまうものである。典型的なのは，メタ言語的手がかりとリキャスト

を組み合わせたもので，上記の例であれば，You need to use the past tense. Yesterday I went to school. となる。こうすることにより，学習者には間違いを犯したということが明示されるだけでなく，どこがなぜ間違って，どう直せば良いのかという詳細な情報が提供されることになる。また学習者が正解が分からずに途方に暮れることもなく，かつ会話の流れが阻害されることも少ない。ただし学習者自身が正解を考えたり，自分で正解を言う機会がないために，記憶に残りにくい可能性は残る。

その点を解消したものが，アウトプット誘発型を与えた後で，一度学習者に発言権を与えて，それでも正解が得られないようであれば，インプット供給型を使うという方法である。例えば Doughty and Varela（1998）は，繰り返しとリキャストを組み合わせた，訂正的リキャスト（corrective recast）と呼ばれるものの効果を実証した。実際の訂正フィードバックは以下のような感じになる。

[アウトプット誘発型訂正的リキャストの例]

生徒：Yesterday I go to school.

先生：Yesterday I GO to school? ← 繰り返し

生徒：Yesterday I went to school.

このように最初の繰り返しで学習者が正しく訂正することができた場合には，そこで訂正フィードバックは終了する。この場合，使用される訂正フィードバックは繰り返しのみである。しかし次ページの例のように，繰り返しでは正しく訂正できなかった場合，それに続けて教師が訂正的リキャストを用いることにより，学習者に正解を提示する。続いて生徒がそれを繰り返すことが期待される。

訂正フィードバックが2段階与えられることにより，一度答えが分からない状態を経験しているので，訂正的リキャストは通常のリキャストに比べて，学習者がより「間違いを直された」と気づきやすくなる。また，間違いである単語の go と，その訂正形の went を強調して発音することにより，訂正フィードバックの卓越性を高めることもできる。上記の通りリ

［インプット供給型訂正的リキャストの例］

生徒：Yesterday I go to school.

先生：Yesterday I GO to school? ← 繰り返し

生徒：...（もしくは再び間違った答え）

先生：(Yesterday I) WENT (to school). ← リキャスト

生徒：Yesterday I went to school.

キャストは，一般的には暗示的な訂正フィードバックと分類されるが，このように発音を強調したり，あるいは訂正した部分のみをリキャストすることにより，より効果を高めることができると考えられる。

　以上のことを踏まえて，実際の教室内における訂正フィードバックの与え方を，間違いが発音，単語，文法の場合の3つのパターンに分けて以下に例示する。中学校のテキストは *New Horizon English Course Book 3*，高校のテキストは *Compass English Communication I* より，それぞれ参照した。

4.1　発音の間違いに対する訂正フィードバック（中学校）

　上述通り，発音の間違いに対する訂正フィードバックは，間違った部分だけを抽出したものになるために，学習者に訂正フィードバックだと認知されやすい。そのためあえて卓越性を上げる必要はない。後はどのような種類の訂正フィードバックを用いるかだが，既習事項であれば繰り返しや誘導等により，生徒に自己訂正を求めてよいだろう。未習事項であっても，生徒の英語の習熟度が高ければ，他の場所で学んで既知であったり，帰納的にフォニックスが身に付いていて発音を推測できる可能性もあるので，同じく繰り返しや誘導等のアウトプット誘発型を試すことができる。しかし生徒が答えられなかったり，あるいは生徒の英語の習熟度が高くなければ，特にメタ言語的な説明を必要としない限り，リキャストによって教師から正解を提示することが一般的な選択であろう。ここでは音読中の発音の間違いに対する訂正フィードバックを考える。

　たとえば生徒が Unit 1-1 の Van Gogh was influenced by ukiyo-e. とい

う文を音読している時に，新出単語である influenced の単語の発音を間違った場合には，以下のような訂正フィードバックの選択肢が考えられる。

リキャスト（インプット供給型）：Influenced.［正しい発音］
繰り返し（アウトプット誘発型）：Influenced?［間違った発音］
誘導（アウトプット誘発型）：Van Gogh was?

訂正的リキャストを用いれば，以下のような会話の流れになる。

生徒：Van Gogh was influenced［間違った発音］by ukiyo-e.

先生：Influenced?［間違った発音］← 繰り返し（Van Gogh was? ← 誘導も可）

生徒：…（もしくは再び間違った発音）

先生：Influenced.［正しい発音］← 訂正的リキャスト

ただしこのような間違い直後の訂正フィードバックは，単文毎の音読やバズ・リーディングにおいては可能だが，テキスト全体を生徒が一緒に音読するような場合には，音読が終わるまで待つことになる。その場合，生徒が既に自分たちがどのような発音をしたのか覚えていない可能性もある。よって，より明示的な訂正フィードバックを用いる必要があるだろう。例えば訂正的リキャストを使って，以下のような流れが考えられる。

生徒：Van Gogh was influenced［間違った発音］by ukiyo-e.（テキスト音読継続）

先生：How do you pronounce the word after "Van Gogh was?" ← 誘導

生徒：…（もしくは再び間違った発音）

先生：Influenced.［正しい発音］← 訂正的リキャスト

4．2　単語の間違いに対する訂正フィードバック（中学校）

　発音の間違いの時と同様，単語の間違いに対する訂正フィードバックも，

通常はその単語のみによって構成されるので,卓越性が保証されていることが多い。よって発音と同様の対処方法が基本となる。

ここでは Unit 2-1 の現在完了形の継続用法の基本練習を例示する。生徒は,男の子が昨日から頭痛がしていて頭を押さえている絵を見て,Jun ＿＿＿ ＿＿＿ a headache since＿＿＿．という文の下線部に適する言葉を入れて話す活動になっている。ここで生徒が Jun has made a headache since yesterday. という間違いを犯したとする。この場合,正解である had をそのままリキャストすることもできる。恐らく習熟度の高い生徒であれば,それで十分正しい答えを引き出せる力があるかもしれない。しかしそれほど習熟度の高くない生徒の場合,文中の has を had に変える訂正だと思い,Jun had made a headache since yesterday. という文を正解だと勘違いする可能性もある。この文をアップテイクすれば,教師が追加の訂正フィードバックを与えることにより再訂正ができる機会がある。しかし教師のリキャストの後に,生徒がアップテイクしないままに教師の話が続くと,これを正解だと思い込んだままで進んでしまう可能性がある。よってこのような場合には,訂正箇所を強調して全文,あるいは前置詞句を除いた部分をリキャストする方がよいだろう。訂正的リキャストをするとすれば,以下のような流れとなる。

生徒：Jun has made a headache since yesterday.
　　先生：Jun has made? ← 繰り返し（Jun has? ← 誘導も可）
生徒：...（もしくは再び間違った文）
　　先生：Jun has HAD a headache（since yesterday）. ← 訂正的リキャスト

4.3 文法の間違いに対する訂正フィードバック（高校）

Lesson 2 の Use it! において,「形容詞の最上級を使って日本のナンバーワンについて話しましょう。」という活動がある。例文は以下のようになっており,この下線部を入れ替えて対話を行う活動になっている。

生徒A：What is the longest river in Japan?

生徒B：It's the Shinano River.

　ここで例えば生徒が，What is the most old temple in Japan? と，old の最上級の形を間違えたとする。この場合，卓越性の観点から考えれば，oldest と単語単体のリキャストを，必要があれば強調して言えば十分であるが，どのような形容詞や副詞の場合に most を付けて，どのような場合に付けないかが定着していない生徒にとっては，そのルールが明確でなく，訂正的フィードバックを与えた時には訂正することができても，同じ種類の間違いを今後も繰り返す可能性がある。そのような場合には，文法規則の説明が付随したメタ言語的手がかりが有効だろう。例えば以下のような一連の訂正的フィードバックが考えられる。

生徒：What is the most old temple in Japan?

先生：What is the 最上級 of old? ← 誘導

生徒：…（もしくは再び間違った答え）

先生：単語が短い時には est が付くことが多いよ。 ← メタ言語的手がかり

生徒：…（もしくは再び間違った答え）

先生：Old, older, … ← 誘導

生徒：Oldest. What is the most oldest temple in Japan?

先生：est が付いた時は most は付かないよ。 ← メタ言語的手がかり

生徒：What is the oldest temple in Japan?

5．おわりに

　教師は普段，無意識に訂正フィードバックを学習者に与えている。しか

し訂正フィードバックの効果は，本章で述べたような様々な要素によって影響を受ける。それらを考慮することにより，より効果的な訂正フィードバックを行うことができるだろう。しかし訂正フィードバックの仕方に唯一無二の正解があるわけではない。最後は自分の生徒のことを一番良く知っている教師が，その時々においてベストだと信じる選択肢を選ぶしかない。その意味で本章の果たすべき役割は，読者自身が自分の訂正フィードバックの実践について考察するときの材料を提供するという方が大きい。無意識だった訂正フィードバックを意識化するというのが，最低限本章が請け負った責務であろう。読者が本章に書かれていることを，今後の訂正フィードバックの実践に役立てていただければ，筆者冥利に尽きる。

◈ ディスカッション・クエスチョン
1）同じクラス内にどんどん間違いを直してほしいという生徒と，間違いは直さないでほしいという生徒が混在する。それぞれにどのように対応したらよいだろうか。
2）クラスで会話活動中，多くの生徒が同じ文法の間違いを繰り返している。この間違いに対し訂正フィードバックを与えるべきだろうか。
3）訂正フィードバックをいくら行っても，同じ間違いを繰り返す生徒がいる。どうしたらよいだろうか。
4）生徒の発言に間違いがありすぎて，どれを訂正したらよいのか判断がつかない。どうしたらよいだろうか。

◈ 文献案内
① 白畑知彦（2015）『英語指導における効果的な誤り訂正——第二言語習得研究の見地から』東京：大修館書店
　本書ではまず，日本のように外国語として英語を習得する場合には，教師が明示的に指導することが有効であると主張している。それに伴い，実際の教室内における明示的な指導の効果を，筆者がこれまでに行ってきた数々の研究結果を基に，訂正される言語項目毎に分け，さらに学習者の英語の習熟度，認知レベル，文法項目の複雑性等も考慮に入れて解説している。訂正フィードバック（ライティングを含む）を行ったと明記している実験は少ないが，恐らく指導の中で行われていただろうと推測できる。各

章の終わりにまとめられている指導におけるポイントは，現場の先生方が授業を構築する際に役立つ内容となっている。

② 大関浩美（編）（2015）『フィードバック研究への招待――第二言語習得とフィードバック』東京：くろしお出版

　本書はこれまでに明らかとなった訂正フィードバックの研究結果を，訂正フィードバックや第二言語習得理論に馴染みがない人にも読みやすくまとめたものである。5つの章はそれぞれを専門にしている研究者によって執筆され，最初の2章で訂正フィードバックと，それに付随する第二言語習得の理論や研究結果も合わせて紹介している。その後の章において，口頭の間違いに対する訂正フィードバックに加えて，ライティングの間違いに対する訂正フィードバックと学習者同士の訂正フィードバックについても紙面を割いており，訂正フィードバックに関するトピックを広く網羅している点が特異な点として挙げられる。

③ Loewen, S.（2015）. *Introduction to instructed second language acquisition.* New York, NY: Routledge.

　本書においては，訂正フィードバックそのものを単独の章として論述はしていないが，ほとんどの章において文言として登場する。訂正フィードバックがインタラクションや，関係が深いフォーカス・オン・フォーム等，より包括的な概念の中で，どのような役割を持って機能しているのかがよく分かる1冊となっている。様々な研究結果をまとめながらも，実際の教育現場に対する示唆を多く含んでいる。大変分かりやすい英語で書かれているので，非常に読みやすい。

第5章
ライティングのフィードバックの効果

キーワード
訂正フィードバック，振り返り，リビジョン

アブストラクト
本章では，ライティングの指導，特にライティングの訂正フィードバック（Written Corrective Feedback, WCF）の種類や効果について，第二言語習得の理論・研究に基づき解説する。

1. はじめに

学習者に英作文を書かせた後，教師の学習者に与えるライティングの訂正フィードバック（WCF）は，1つの指導法です。第二言語のライティング研究においては，主に3つの観点からフィードバック（corrective feedback, CF）を分類しています。まず，学習者の言語的な誤りを明確に指摘する明示的WCFと学習者の注意を誤りに向けさせる暗示的WCFがあります。会話の最中のCFに比べてWCFはより明示的（学習者がフィードバックを与えられたことに気づきやすい）になります。第二に，直接的WCFと間接的WCFが挙げられます。直接的WCFとは，学習者の文法などの誤りを教員が直接訂正することであり，間接的WCFとは，下線を引いたり，誤りを囲ったり，原稿の余白に誤りの数を示すフィードバックです。また課題となっている英作文の模範作文を学習者の誤りを考慮して作成し，学習者にその模範となる作文を提示し，自分の作文と比較させるリフォームレーション（reformulation）という指導法も間接的WCFに相当します。第三として，フォーカスされたWCF（focused WCF）とフォーカスされないWCF（unfocused WCF）があります。フォーカスされたWCFとは，英作文に複数の誤りがあっても，ある言語項目（たとえば，英語の冠詞）に限って修正することを意味し，フォーカスされないWCFは，包括的フィードバックとも呼ばれ，学習者のすべての誤りに対して修正することを指します。

2. 理論

本章では，多くのライティングのフィードバックの研究の理論的根拠となっているインタラクション仮説（interactionist perspective）と社会文化理論（sociocultural theory）を紹介する。

2.1 インタラクション仮説

インタラクション仮説では，第二言語習得における学習者と対話者（教員や他の学習者）の口頭によるインタラクションの役割を重要視する。第二言語によるライティングの分野では，学習者の文法的な誤りなどを指摘する否定フィードバック（negative feedback）の研究が多いが，学習者の誤りを訂正した文章や模範となる文章（肯定証拠，positive evidence）を提示するフィードバックの研究もある。これらの研究により，口頭のフィードバックに比べて学習者にとってより明示的なライティングの訂正フィードバックは，第二言語習得にとって重要とされる学習者の気づき（学習対象の言語項目に学習者自身が意識的に気づくこと）を促すことが示されている。

2.2 社会文化理論

ロシアの心理学者ヴィゴツキー（Vygotsky）によって発展した社会文化理論においては，学習を学習者が社会文化的活動に参加する場（participation）ととらえる。たとえば，学校や教室を教員と学習者が交流する場と考え，教員と学習者，また学習者同士の双方向の学習を重視するとともに，また学習者による相違にも焦点をあてる。社会文化理論では，教員やより高いレベルの学習者による支援により，学習者が1人では達成できないレベルに到達することを促すことができるとされている。この理論に基づき，ライティングの専門家（チューターや教員など）と学習者が1対1で行うライティングのカンファレンス（個別指導など）における足場かけ（scaffolding；学習者が自らの力で問題を解決するために与える専門家の支援）の研究もある（Nassaji & Swain, 2000）。またこの理論に基づき，教員によるフィードバックだけでなく，ピア（学習者同士）によるフィードバック（たとえば学習者同士が各々のライティングについて話

し合いながらフィードバックをすること）や学習者自身が自分で書いた作文をその内容，文法，形式に関して自問自答しながらリビジョン（revision；ライティングのプロセスにおいて文章を変更すること）していく過程の研究もある（M. Suzuki, 2008）。

3. 研究

3.1 フィードバックの効果に関する議論

　第二言語習得理論においては，WCFの効果に関して賛否両論の意見がある（Bitchener & Ferris, 2012）。否定的な立場では，教員が適切，かつ明確で一貫性のあるWCFを与えることの難しさや，学習者のWCFを言語習得に活用する能力に対する疑問から，学習を可能とする学習者側のレディネス（readiness；学習が成立するために学習者に必要な条件）が整った状況でWCFを提供することの難しさを主張している。つまり個々の学習者の習熟度に合わせた適切な文法事項や文構造にWCFを与えることは難しいとしている。

　WCFの効果に対して肯定的な立場からは，教員やより言語能力の高い他の学習者からの助けによって，学習者が現在の言語レベルより高いレベルに到達できる可能性を無視しているという指摘もされている。またPolio（2012）は，誤りの修正は，全く効果がないとも有益とも言えないが，文法の知識などの明示的知識は，ライティングには有効であるとし，学習者は，適切なタイミングで与えられたフィードバックに注意を向けて，フィードバックの直後に言語活動（たとえば，リビジョン）を行う必要があることを示唆している。日本人の大学生を対象にして，振り返りやリビジョンを行うことにより，ライティングの言語的な正確さ（たとえば仮定法の使用）が向上することを明らかにした研究もある（Shintani, Ellis, & Suzuki, 2014；Suzuki, 2012）。

3.2 直接的WCFと間接的WCFの効果

　1.で挙げたように，WCFには直接的・間接的の2種類がある。直接的WCFの特徴としては，(1) 直接的WCFは，学習者にとって間接的WCFより明白であり，明示的である。(2) 学習者にとって間接的WCFよりも

言語的に複雑な誤り（たとえば統語的構造［語の並べ方に関する規則］や慣用句的用法の誤りなど）に使用される。一方，間接的 WCF は，学習者自身の問題解決を促すとされている（Bitchener & Ferris, 2012）。しかし，いずれの場合も誤りを訂正するためには，学習者の言語的知識（文法知識）が不可欠である。Bitchener（2012）によれば，直接的 WCF は，初級レベルの学習者にとって有効であり，上級レベルの学習者は，直接的，間接的 WCF の両方を有効活用することができるとしている。

3．3　フォーカスされた WCF とフォーカスされない WCF の効果

　最新の SLA 研究により，フォーカスされた訂正フィードバックは，フォーカスされない訂正フィードバック（包括的フィードバック）より，英語の冠詞や不規則動詞に関しては，効果が大きいことが実証されている。日本人の冠詞の学習においてフォーカスしたライティングのフィードバックは，有効な指導法の1つとなると思われる。また事前に訂正のターゲットとなる言語項目（たとえば冠詞）を学習者に伝えて英作文を書かせることで，フォーカス・オン・フォーム（focus on form；学習者に特定の言語項目について注意を向けさせる指導法）と組み合わせた指導法も簡単に教育現場で活用することができる。このような指導により，学習者は，特定の言語項目に集中し，言語処理や言語学習をより円滑に行うことができると考えられている。

　一方，英語の冠詞や規則動詞以外のフォーカスしたフィードバックの有効性に関しては，学習者のフィードバックへの認識，とらえ方や学習者の習熟レベルによって異なるとされている（Bitchener, 2012）。たとえば，より高いレベルの認知能力や分析能力がある学習者には，フォーカスされない訂正フィードバックも有効であるとされている。

　なお，SLA 研究では，教員はフォーカスされない CF を与える傾向があるとされている（Shintani, et al., 2014）。また学習者もフォーカスされていないフィードックを好むという研究もある。したがって，フォーカスされたフィードバックを実施する際は，事前に学習者にその理由，目的を明確に説明し，十分理解させた上で，実施することが重要となる（McMartin-Miller, 2014）。

3.4 学習者の要因

　効果的な訂正フィードバックには，学習者要因（言語適性，目標言語適性，動機づけ，文化的あるいは情意的個性など）が影響する（Bitchener, 2012）。特に動機づけの要因としては，言語学習の目標，自己効力感（ある行動や課題を自分が達成できると思う度合），自己調整力（自己への動機づけ，学習方略の模索と実行，学習の過程を観察し，目標達成のために自己を律する力）が挙げられる。自己効力感と自己調整力は，言語学習やライティングに大きく影響する（M. Suzuki, 2007）。直接訂正フィードバックは，高度な分析能力がある学習者に有効であり，文法用語などを用いたメタ言語的訂正フィードバックは，高度な言語適性がある学習者に有益であるという研究もある（Sheen, 2011）。また特に上級者の情意要因（affective factors；学習態度，学習方法や成果に対する学習者の信念，学習目標）がライティングの訂正フィードバックへの対応に影響を与えるという研究もある（Storch & Wigglesworth, 2010）。文法的な正確さを重要視する学習者は，ライティングの訂正フィードバックに対して肯定的に対応するとされている（Hyland, 2003）。したがって，日本の英語教育現場では，従来文法学習を重視してきたので，訂正フィードバックを肯定的に受け入れる傾向があると言えるかもしれない。その他，第二言語の習熟レベル，メタ言語意識，年齢も重要な要因とされている。

3.5 教員の要因

　教員の要因も，効果的なライティングの訂正フィードバックの指導において重要である。たとえば，フォーカスされたフィードバックを行う際に，「日本人の英語学習者にとって冠詞は，最も難しいとされているので，今回は，不定冠詞に絞って訂正フィードバックをします。」と学習者に事前に周知することによって，学習者のフィードバックへの理解も高まり，指導の効果も期待できると考えられる。

　教員によるフィードバックは，言語や修辞法に関するフィードバックだけではなく，内容に関してのフィードバックもあり，学習者のライティングの何に対してフィードバックを与えるかについては，個々の教員に委ねられている。教員の第二言語（外国語）教育の教育理念，教員の自己効力感（自らの指導法に対する確信）が，フィードバックの効果にも影響する

と思われる。

　また，1つの原稿を何回かリビジョンさせる場合には，どのタイミングでどのようなフィードバックを提供するかに関しても各教員が判断することになる。たとえば，Bitchener（2012）は，学習者は最初に作文する際の初稿では，言語的正確さより，内容に注意を払うと報告している。さらにライティングのプロセス（プランニング，文章化，リビジョン）に関しても教員が学習者に配慮を促す必要がある（鈴木，2014参照）。

　第二言語によるライティングもコミュニケーションの1つの手段である。したがって，多文化共生時代にあたり教員による学習者の英作文の内容や言語に対するフィードバックによって生じる，学習者の思想や文化（system of values and culture）の変容（acculturation）に関して配慮する必要もあるだろう。

3.6　個別指導におけるフィードバック

　ライティングの個別指導におけるフィードバックに関しては，教員やより言語能力の高い他の学習者からの助けによって，「学習者が現在の言語レベルより高いレベルに到達できる可能性領域である，学習者の最近接発達領域（zone of proximal development, ZPD）」内での学習効果を示唆する研究がある（Nassaji and Swain, 2000）。たとえば，Nassaji and Swain（2000）では，ライティングにおける英語の冠詞に関する誤りに関して，最も暗示的なフィードバックであるレベル0（学習者に対して自分の書いた英作文を読んで，自分で誤りを見つけ，自らの力で正しく修正することをチューターが促す）から，最も明示的なフィードバックであるレベル12（チューターのいかなる指導も効果がない場合に，文法的に正しい形を提示する）の13段階のスケールを用いて，学習者の発達段階に合わせて，4回にわたり計画的にフィードバックをした指導（ZPDを考慮した指導）は，ZPDを考慮せずに，無作為にフィードバックを与える指導よりも学習効果があったと報告している。日本の教育現場では，個々の学習者の発達段階に最適なフィードバックを与えるという個人的な指導は時間的制約などもあり，難しいかもしれないが，学習して間もない新しい文法項目へのフィードバックとしては，正しい例を提示するなど明示的フィードバックをし，すでに学習して十分な文法知識もある（明示的知識は十分

にある）場合には，たとえば，「自分で書いた英文を読み返して，動詞の時制に関して正しく使用されているかどうか自分で確認してみましょう。間違っている場合には，訂正しましょう。」と暗示的指導を行うこともできると思われる。

3.7　フィードバックの活用

　認知能力が未発達の小学生の学習者には，特定の文法事項にフォーカスした明示的かつ直接的 WCF を与えることが望ましいと思われる。他方，認知能力も十分発達し，英語力も高い学習者（例えば高校生）には，暗示的 WCF やリフォームレーションのような間接的 WCF を提供することにより，学習者中心の自律的な学習が可能になると思われる。より英語力の高いレベルの学習者には，セルフリビジョンにより自ら英作文を修正させる機会を与えたり，ピアリビジョンによるピアフィードバックを活用したりすることも可能であろう。文法事項をある程度習得している学習者には，教員の与えた WCF に関してその理由を記入させるという指導をすることによって，文法知識の定着を図ることが期待できる。また，学習者の作文の中から模範となる作文を選び，クラスに紹介することは，どのレベルの学習者にとっても有意義であると思われる。

4. 授業での活用

　次に，SLA の理論・研究に基づき，WCF の方法や学習者のリビジョン，振り返りを促す指導も網羅しながら，ライティング学習の動機づけを高めるようなアクティビティを紹介する。

4.1　アクティビティ1　ライティングを活用した時制の指導（中学校）
a）3単現の -s の練習
　家族の平日の行動をスケジュール表に英語で書き込む
［例］

Time	Mother's Weekday Schedule
6am	She gets up. She makes breakfast and lunch boxes for us.

7am	She eats breakfast. She brushes her teeth.
8am	She washes the dishes. She makes up her face.
9am	She leaves home for work. She takes the bus.

1) 初級レベルの学習者には，あらかじめモデルとなるスケジュール表を提示するか，プリントを配布する。あるいは，まず学習者にスケジュール表を作成させて，その後に模範となる表を配布し，学習者に自分の表と比較させる。その際に，「3単現の-sに注意して比較してみましょう」と事前に指示をする。
2) 以下の動詞に関しては，活動を始める前に，注意喚起（フォーカス・オン・フォームの指導）を行う。go(goes), do(does), have(has), study(studies)など。
3) 中級レベルの学習者であれば，ペアでそれぞれのスケジュール表のリビジョンをさせる。
4) 上級レベルの学習者では，提出させる前に自分で修正点がないかどうか確認させる。
5) 教員がフィードバックを与える際は，「3単現の-s」にフォーカスしてフィードバックする。その際レベルに合わせたフィードバックの種類を選ぶ。たとえば，中，上級のレベルでは，「時制が間違っている動詞には下線を引いたので，自分で訂正してみましょう。」と下線によるWCFを与えた作文を返却し，学習者が訂正した原稿を再度回収して，確認する。それでも誤りが訂正されなかった場合には，正しい形を書き込む。
6) 同じ表を用いて，学習者自身が過去のある1日に行ったことを書かせる。たとえば，"Last Sunday," "New Year's Day," "Christmas Day," "The Last Day of School Trip" などのテーマが考えられる。過去時制を使用する場合は，不規則動詞や，study (studied), like (liked), use (used), stop (stopped) に関して事前に指導を行う。また作文をする前に，動詞を過去形にすることを忘れないように指導する。
7) 学習者の提出した作文が以下のような場合であったとする。

"I geted up late. I goed shopping. I buyed a T-shirt. I relaxed at home. I watched TV. I studyed English."

この場合の指導としては，まず WCF はせずに，返却をして，不規則動詞の表を用いて，作文の中の不規則動詞に下線を引くように指示する。下線を引いた後に不規則動詞の表を見ながら正しい過去形に直すように指示する。不規則動詞の誤りがすべて訂正された後に，"studyed" の WCF をしてもよいが，不規則動詞にフォーカスした指導にするならば，"studyed" に関しては，別の機会に 3 人称単数現在の "studies" や "try" などの動詞とともに指導してもよい。

4.2　アクティビティ 2　1 つのセンテンスを 4 人 1 組で作成する活動（中学校）

　英語の主語，動詞の位置や，場所や時を示す表現を学習するための活動以下に手順を示す。

1) 各グループ用の 4 枚 1 組のカードを用意する。（下のカード見本参照）
2) 4 人 1 組のグループを作る。
3) 4 枚 1 組のカードを各グループに配布する。
4) 学習者は，それぞれのカードの空欄に誰が（Who?），何をする・何をしたか（What?），どこで（Where?），いつ（When?）を記入する。記入の際は，同じグループのメンバーに見られないようにカードに記入するように指示をする。事前に What? の欄で使用する時制（現在形，過去形，現在完了など）は，教師が指定する。

［カードの例］

Group Number ①				
	Who?	What?	Where?	When?
Sentence 1	Anpanman			
Sentence 2		eats chocolate		
Sentence 3			in the park	
Sentence 4				after school

5) 各グループは，黒板に Sentence 1 〜 Sentence 4 の自分が空欄を埋めた部分を用いて，完成した 4 つの文を書く。

[板書の見本]

Sentence 1	Who?	What?	Where?	When?
Group 1	（①の学習者が記入） Anpanman	（②の学習者が記入） play soccer	（③の学習者が記入） at school	（④の学習者が記入） on Monday
Group 2				
Group 3				
Group 4				

6) 3単現の -s や，主語と動詞の一致など自然な英文になるように各グループで考えさせる。たとえば，"Anpanman play soccer at school on Monday." を "Anpanman plays soccer at school on Monday." に訂正する。

7) クラス全体で黒板に書かれた各グループの文を読んでみる。

8) その後，それぞれの文への言語的フィードバックをクラス全体に尋ねて，教員が訂正を黒板に記載する。学習者が誤りに気がつかない場合は，教員が誤りの箇所を示し，クラス全体に訂正を促す。たとえば，動詞の過去形の指導において，あるグループが，

　Anna | go skiing | in Okinawa | this summer .

という文を完成させた場合，"go" に下線を引いて誤りを提示し，その後訂正を促す。次に訂正ができたら，文法的には正しいが，より自然な文にするにはどうしたらよいかを考えさせる。たとえば，"Anna went skiing in Australia this summer." が模範文となる。

9) 次に，完成した文の内容に関してクラス全体で感想を述べ合うディスカッションをする。

4.3 アクティビティ3 要約文を書く練習（高校）

コミュニケーション英語の教科書 *Genius English Communication I, II* では，各課の最後に，その課で学んだことを整理し，要約文を書く Summarizing という練習問題がある。各 Summarizing は，3段階で構成されている。学習者は，まず内容が要約された表を穴埋め形式で完成させ，その表をも

とに要約を述べ（ペアのスピーキング活動），次に各人が要約文を書く。要約文のライティングは，宿題にしてもよいかもしれない。要約文の提出前に，セルフリビジョンやピアリビジョンをさせて，学習者が自ら誤りに気がつく活動をさせてもよい。あるいは，模範となる要約文を配布し，自分の要約文と比較しながら，訂正を促す指導もできる。すべての誤りを訂正する直接的 WCF を行った場合は，それぞれの WCF に関して，振り返り（なぜ誤りなのかに関して，日本語で書かせる）をさせてもよい（Suzuki, 2012）。要約文が完成したら，英語でのディスカッションをさせてもよいだろう。この練習問題に慣れた段階で，応用として，学習者自身に英作文を書く前に，Summarizing の表の形式に倣って表を作成させ（マッピングさせ），その表に基づき作文を課すこともできる。

5. おわりに

本章では WCF の種類，WCF の理論的根拠となっている SLA のインタラクション仮説の理論と社会文化理論を紹介した。またフィードバックの効果に関する先行研究を紹介し，個々の学習者や教師がフィードバックの効果に与える要因について，教員などによる個別指導のフィードバックに関しても具体例を提示しながら，解説を行った。理論に基づいたクラスルームで活用できるライティングのアクティビティの例も紹介した。実際に授業でライティングを指導する際は，ライティングの目的，学習者の目標言語ならびに目標言語のライティングのレベル，言語学習全体の目標を明確にして，ライティングの課題を考案し，フィードバックによる目標言語やライティングの指導を実施することが重要であることを提言した。

◆ ディスカッション・クエスチョン
1) 口頭での訂正フィードバックとライティングの訂正フィードバックの特徴をそれぞれ挙げてみよう。またそれぞれどのような学習者や第二言語学習（英語学習）の場面で使用すると有効か考えてみよう。
2) あなたは今までに第二言語学習者としてどのような WCF を受けただろうか。あるいは，あなたは教師として学生にどのような WCF を与えているだろうか。それらの指導効果について考えてみよう。

3）自分が現在教えている（あるいは教える予定の）学習者を思い浮かべ，習得してほしい文法事項を1つ選び，その文法事項を，ライティングを通して指導する方法を考えてみよう。その際フィードバックの有無，フィードバックを与えた場合，どのフィードバックを与えるかを具体的に考えてみよう。振り返り，セルフリビジョン，ピアリビジョンをさせるかなども考慮しながら指導法を考えよう。

◆ **文献案内**

① Bitchener, J., & Ferris, D. R.（2012）. *Written corrective feedback in second language acquisition and writing*. New York, NY: Routledge.

WCFの研究の大家であるJohn BitchenerとDana, R. Ferrisによって書かれた本である。WCFの理論，第二言語習得理論とライティング研究における誤りの指導の歴史，WCFの先行研究，理論と研究に基づく応用実践について具体例を豊富に提示しながら説明している。メタ言語の説明の例や個別指導する際の手順などについても紹介されている。

② 全国英語教育学会（2014）『英語教育学の今：理論と実践の統合』. 全国英語教育学会編

以下の全国英語教育学会のホームページから全文ダウンロードできる。
http：//www.jasele.jp/2015/08/04/kinen-tokubetsushi-web/
日本の英語教育の歴史や現状が理論と実践を紹介しながら説明されている。第5章のライティングでは，日本のライティング研究の変遷，プロセスライティング，フィードバック（特にピア・フィードバック），理論と実践について説明されている。

③ 白畑知彦（2015）『英語指導における効果的な誤り訂正——第二言語習得研究の見地から』大修館書店

著者が主に大学生を対象として実施した明示的指導や誤り訂正の効果検証の実験結果がまとめて紹介され，具体的な文法事項に関しての指導法も提言されている。

第6章
タスクを効果的に用いよう

キーワード
　タスク，TBLT（Task-based language teaching），英語教育

アブストラクト
　「英語を楽しく学ぶ」そんなきっかけとなるタスクを用いた英語教育について本章では紹介する。タスクの定義，タスクを作る背景となった理論，タスクの効果的な導入方法を紹介し，最後に教室内でも実践できるタスクの例を挙げる。

1. はじめに

　「英語を使うのは楽しい」，だから「もっと英語を使いたい」──タスクをうまく導入すると，そんな教室が生まれてくるように私は思います。「コミュニケーション中心の英語教育を」と言われるようになってしばらく経ち，近年，日本でも「タスク(task)」を用いた英語教育が行われ始めています。タスクで最も大切なことは，達成感があること，そして，現実に起こりうるようなやりとり（意見交換や，情報交換など）を行うことです。個人的には，クラス内を2チームに分けて勝敗を決めるなど，ゲーム的な要素のあるタスクを中心に，英語を教える際に取り入れてきました。アメリカの大学で留学生対象に，そして日本の大学生対象に英語を教える機会があったのですが，クラスには必ず，英語に対する苦手意識，また，必修科目としてしか認識していないために，積極的に授業には参加しない学生がいます。そんな学生たちも，タスクがはじまると，笑顔になってとても楽しそうに英語を話していたのが印象的でした。日本国内の中学校や高等学校でも，英語は楽しいものと意識させ，限られた授業時間内で意味を中心とした英語を用いる時間を最大限に増やすことによって実践的な英語力をのばすことができると考えています。本章がそのお手伝いをできれば幸いです。

2. 理論

　タスクに関しては，様々な定義が過去20年ほどの間に出てきているが（タスクを用いた外国語教育に至るまでの背景は第1章を参照），Ellis (2003) でも述べられているように，タスクには以下の6つの条件が必要である。

(1) 教材やアクティビティを組み合わせて，学習者の行うタスクに計画性を持たせる。しかし，常に計画通り進むわけではないので，柔軟に対応できるようにする。
(2) インフォメーション・ギャップ（information gap）や，異なる意見を引き出す活動を用いて，意味のある英語の使用を促す。
(3) 現実世界でもありうる言語使用を促す目的で行う。タスク特有のやりとりになることもあるが（間違い探し等），情報交換や意見交換等，実際に行われるやりとりを行う。
(4) タスクには読む，書く，聞く，話すのどの項目を含んでいてもいい。たとえばリスニングを行った後で活動の内容理解をスピーキングで述べさせるなど，様々な項目を組み合わせて作る。
(5) タスク中で学習者が自ら「考える」プロセスを行う。学習者自ら何かを選んだり，整理したり，理由づけをし，学習者が自分の使いたい言葉を選択する。
(6) 言語に直接関係しないゴール（たとえば，Wh 疑問文を習得するといったゴールでなく，「部屋から脱出する」というテーマのタスクで最も良い脱出ストラテジーを見つけるなど）を設ける。

　タスクの種類としては，特定の学習項目の使用を促すものは（言語）ターゲットありの（フォーカスされた）タスク（focused task）と呼ばれている。学習者が意味のあるやりとりを外国語で行い，その中で言葉に対する「気づき（noticing）」を高めていくことが，外国語習得につながるとされている。そのため，タスク内でそのような気づきを促すとされている教師による訂正フィードバック（第4章を参照）や，学生同士のフィードバックが研究の対象（第8章を参照）とされている。

3. 研究
3.1 タスクの導入に関する研究

まず，タスクを教育現場に導入した際の学習効果，そしてその取り入れ方に関する論文を紹介する。タスクをもとにした言語教育（Task-based Language Teaching，以下 TBLT）の効果に関して，Gonzalez-Lloret and Nielson（2014）は，スペイン政府が制作した TBLT のプログラムと，これまで行われてきた文法中心のプログラムの効果を比較した。両者のプログラムとも，スペイン語が第一言語ではない人が政府でスペイン語を使って仕事ができるようにすることを目的として作られたものである。プログラムを評価するにあたり，学習者の会話能力の変化と学習者のプログラムに対する意見が比較された。分析の結果，文法中心のプログラムを受けた学習者より，TBLT のプログラムを受けた学習者の方が，仕事をより効率よくスペイン語でこなすことができ，さらに，仕事に直接関していない会話力もさらに上達したことがわかった。

Douglas and Kim（2014）は，カナダの学術英語プログラム（英語圏の大学や大学院の授業に対応できるようにするためのプログラム）において TBLT を導入するにあたり，教師が TBLT をどのようにとらえているか研究した。教師の7割近くが，TBLT の授業を授業時間の半分以上行っていると述べ，9割近くの教師が，TBLT は学術英語のためのプログラムに適していると判断した。その理由として，プレゼンテーションやエッセイ，インタビューをベースとしたタスクを取り入れることにより，学習者が主体となる授業を行うことができ，効果的な学習の場を提供できることを挙げている。その一方で，文法中心の授業を求める学習者がいること，授業の準備に時間がかかること，そして教師間により，TBLT の理解に差があることが課題点として挙げられた。

McDonough and Chaikitmongkol（2007）は，タイ国内にある大学の TBLT プログラムについて，学生と教師の評価を調査した。その結果，教師も学習者も TBLT に対して良いイメージを持ち，特に，自発的な学習を促し，実践的な英語学習につながったことを評価したことがわかった。導入当初は，明示的な文法の授業がなくなったために，一部教師の批判もあったが，言語運用能力の大切さが理解されるにつれ，TBLT プログラム

の評価は高まったという。さらに，TBLTプログラムのための情報共有の場や，サポートが必要になったため，担当者はワークショップを開催したり，教師向けガイドを作成することにより，TBLTを成功させている。日本のように英語教育が文法中心である場合，TBLTが実践力につながることを説明し，学習者主体の学習方法に理解を深め，学校や国レベルでも導入方法を考えていく必要がある。

3.2 タスクの性質に関する研究

タスクの特徴が言語使用にどう影響するか，特にタスクの内容を複雑にしたときの影響が近年研究されている。その基盤となっている2つの仮説を紹介する。

○限界容量モデル

限界容量モデル（Limited Capacity Model）とは，Peter Skehanによって提唱された仮説である（Skehan, 2009）。この理論では，学習者が認知的情報処理に使える容量は限られていると仮定されている。つまり，タスクが高度であれば，学習者はタスクを遂行すること自体に気を取られ，自分の言語運用まで注意を向けられなくなるという仮説である。具体的には，タスクが複雑すぎる場合，学習者は文法的な正確さを求め，簡単な英語しか使わなくなる。つまり，高度な英語を用いようとすると正確さが失われるという考えである。そのため，Skehanは単純なものから複雑なタスクへ徐々に移行し，言語へ注意を向ける余裕を持たせるべきだと提唱している。

○認知仮説

認知仮説（Cognition Hypothesis）とは，Peter Robinsonにより提唱されたものである。認知仮説では，タスクを徐々に複雑にすると，学習者が次第に複雑なタスクのレベルに応じた英語を使用できると考えている（Robinson, 2005）。つまり，タスクが複雑になれば，学習者はタスクが要求する高度なレベルの言語を用い（複雑さ），同時に，注意深く意識して言語を用いる（正確さが向上）が，スムーズには話せなくなる（流暢さが低下）と想定されている。先述の限界容量モデル同様，タスクの複雑さが学習者の言語使用に影響すると考えられているが，学習者の言語の正確さと複雑さが同時に影響されることもあると仮定されている。

3.3 タスクの複雑さ

　認知仮説において，複雑さを調整するためには2つの方法がある。1つ目はタスクの要素に変化をつける方法である。たとえば，単純なタスクでは，学習者は説明された現在の状況だけを考え，特に理由づけをしたりする必要がないと仮定する。それが複雑になると，未来の状況を考えたり，自分の意見とその理由を述べる必要がある。つまり，タスクが複雑になると，学習者の負担も増える。

　2つ目の方法は，タスクの条件に変化をつけて，その負担を軽減させることである。たとえば，準備時間を与えて，タスクに取り掛かりやすくしたり，準備時間中にタスクで使う学習項目を導入・復習し，タスク中に使う言葉に注意させ，タスクを行いやすくすることもできる。認知仮説の方が，限界容量モデルより教室内のタスク利用に実践的な側面を多く持っているため，以降の研究の紹介では，認知仮説に基づいたものを中心に紹介する。

3.4 タスクの複雑さに関する研究

　これまでの研究を総合的に考えると，「正確さ」と「流暢さ」については認知仮説に沿って示されている。その理由として，複雑なタスクでは，特定の言語項目（例：英語の冠詞など）に学習者が注意を促されたためだと考えられる。一方，流暢さに関しては，正確に話そうとするために，発話の速さなどに遅れが生じ，おおむね流暢さが落ちたと考えられる。タスクの複雑さは，使用言語の複雑さには影響しないという研究結果が多い。

3.5 タスク前の準備時間に関する研究

　近年の研究では，タスク前の準備時間を効果的に使うことが，タスクの効果を高めることが報告されている。たとえば，Ortega（2005）は，アメリカの大学でスペイン語を学ぶ43名の学生がタスク前の準備時間をどのように活用しているか分析した。タスクは，8枚の絵を見ながら，スペイン語でそのストーリーをクラスメートに話すというものである。タスク前の，10分以内の準備時間中の会話とタスク後に行われたインタビューを分析した結果，準備時間中に，学習者は，文法や発音をいかに正確に言うか話し合ったり，話す際に必要な情報を考え合ってメモをとったり，一度自らリハーサルをしてみたりすることがわかった。また，準備時間内で用

意したメモがタスク中に使えたので，実際にスペイン語で話す際のストレスが減ったと多くの学習者が報告している。

　それでは，そのようなタスク前の準備時間がタスク中の言語使用と言語習得にどう影響するのだろうか。Kim（2012）は，韓国で英語を学ぶ中学生にタスク前の準備時間に会話例（モデル）を見せることで，学習者が学習項目である疑問文に注意できるか，また，使用する疑問文に影響するか分析した。学習者は2つのグループに分けられ，第1のグループは準備時間中にモデルのビデオを見たが，第2のグループは特に指示が与えられなかった。その結果，モデルを見たグループの方が，指示のなかったグループより，タスク中により頻繁に疑問文について考え，タスク後のテストではより正確で高度な疑問文を使用した。

　タスク前の準備時間の指示は，「話す」ことを中心としないタスクにも影響することが報告されている。Abrams and Byrd（in press）は，アメリカ人のドイツ語学習者に，2種類の準備アクティビティをさせ，「書く」ことが中心のタスクにどのように影響するか分析した。1つ目のグループは，ライティングの内容に比重を置いたペアワークを，2つ目のグループはライティングで使える文法事項を中心としたペアワークを行った。そして，学習者のライティングの質を比べた結果，内容を中心としたアクティビティをした学習者の方が，正確に，また幅のある語彙を用いて書き，全体に良い文を書くことができたことがわかった。まとめると，タスク前の準備時間を効果的に使うことが，タスクの効果を高めることが報告されている。

4. 授業での活用

4.1 アクティビティ1　ホストファミリー探し（中学校）

【教科書】*New Horizon 2*
【所要時間】40分
【教材】ハンドアウト2種
【教材1】ホームステイ先を探している学生役へのハンドアウト

1. ホストファミリー先では，お手伝いをしなければならないこともあります。

どんなことなら自分でできるか，ペアで考えて5つ書いてみましょう。（canを用いる）

| 1 |
| 2（以下略） |

　ホストファミリー5組に，実際にどのようなことをするよう求めているのか聞き，その内容を書いてみましょう。
　（※注意：クラスの人数に応じて数を増やす。）

ホストファミリーの名前 _____	ホストファミリーの名前 _____	ホストファミリーの名前 _____
条件1 ≈ 5	条件1 ≈ 5	条件1 ≈ 5

　どのホストファミリーと一番相性がいいと思いましたか？合致した条件の数とホストファミリーの名前を書きましょう。
　　ホストファミリーの名前：_____　　合致した条件の数：_____

【教材2】ホストファミリー役のハンドアウト

　ホームステイの学生に，手伝うように言わなければいけないこともあります。どんなことなら頼めるか，ペアで5つ考えてみましょう。（can, have to, mustを用いる）

| 1
≈
5 |

　ホームステイ先を探している学生5組に，どんなことができるのかインタビューし，その項目を書いてみましょう。
　（※注意：クラスの人数に応じて数を増やす。）

学生の名前 _____	学生の名前 _____	学生の名前 _____
条件1 ≈ 5	条件1 ≈ 5	条件1 ≈ 5

> どの学生が一番相性がいいと思いましたか？合致した条件の数を書きましょう。
> 学生の名前：＿＿＿＿＿＿＿＿＿＿　　合致した条件の数：＿＿＿＿＿＿＿＿

【活用場面】
　相性のいいホームステイ先と学生を探す。ホストファミリー役は家でしてもらう簡単な仕事の条件を，ホームステイ先を探している学生はステイ先でできる簡単な仕事の条件を書き，合致した条件の数に基づき，相性のいいホームステイ先を探す。

【導入】
　このタスクに必要な助動詞（can, have to, must）の意味と使い方を復習する。

【展開】
1. ホームステイをする際，どんなお手伝いを頼まれるか，全員で考える。
2. 学生のペアを作り，半分のペアをホストファミリー役，残りの半分をホストファミリーを探している学生役にする。
3. ホストファミリーは，お手伝いの事項を5つ考え，学生はホストファミリー先でできることを考え，ハンドアウトに書き入れる。
4. ホストファミリー最低5組にインタビューし，家での決まりごとを聞く。
5. 学生役は，自分に一番合う（合致する項目の多い）ホストファミリーを選ぶ。
6. 合致した項目がいくつあったか報告させる。
7. 一番目，そして二番目に項目が多かった学生が勝ち。
　（2〜7をホストファミリー役，学生役を入れ替えて行う。）

【応用】タスクに応じたライティング
　宿題で，選んだホームステイ先が一番自分に合っている理由を50ワード程度で書かせる。その際に，学んだ助動詞を用いて書くように促す。

【留意点】フィードバック
　このタスクでの中心となる項目は can, have to, must なので，それらの助動詞が意味的に正しく，また，文法的に使われているか教師は教室内を歩いて確認する。

【実際の活用例】助動詞を使わずに決まりごとの内容だけでタスクを進めることを防ぐために，教師がフィードバックを行う。

S1（Student）: What must I do at your house?
S2（Host family）: Clean your room.
T : That's good. You（ここで，アイコンタクトやジェスチャーを用いて，学生に文を完成させる。）
S2 : You must clean your room.

【評価方法】
　クラス内でのパフォーマンスを評価する際は，英語を用いてタスクを進めているか，助動詞を用いてタスクを行っているか，また，どれだけ積極的に質問と受け答えをするかを見ながら行う。また，このタスクをテストの一部として評価する場合には，学生の発言を録音し，学生が正確に学習項目を使っているかを評価することもできる。

4.2 アクティビティ2 夏休みの予定（中学校）

【参考教科書】*New Horizon 3*
【時間】40分
【教材】パソコン・人数分の投票用紙
【活用場面】
　長期休暇を利用して，アメリカ旅行をする場面を設定する。学生1人の予算は航空券，ホテル代を含めて40万円とする。3〜4人のグループで，アメリカの旅行代理店のサイト（Expedia など。ただし，最近は日本語版もあるので英語版を見るようにする）や鉄道会社（Amtrack）や，旅先の観光名所のサイトを見て，旅行の予定を立てる。最後に，学生が最も良いと思った旅行計画に投票する（もし，パソコンが使えない場合は，教師がある程度行き先を絞って，複数の旅行先の航空券，渡航先のホテルの値段，各観光地でできるアクティビティとその値段を調べ，印刷したものを教室に持参する）。

【導入】
　このタスクに必要な There is（are）...，be going to＋動詞の意味と使い方を復習

【展開】
1. アメリカの有名な観光地についてブレインストーミングする。
2. 学生を3～4人のグループに分け，タスクを説明する。
3. 30分程度で学生は旅行の計画を立てる。この際に，次のアクティビティの説明を行って，旅行計画の説明の準備をさせてもよい。
4. 15分間で各グループが，自分の旅行計画について他のグループにアピールする（授業時間が長い場合は，この間に旅行先，日程などメモをとらせてもいい）。
5. 最後に学生に最も良かったグループに投票させ，最も票数が多かったグループが勝ち。
6. 時間があれば，学生にどうしてその計画が良かったのか理由を発表させる。

【留意点】フィードバック
　このタスクではグループワークが中心なので，英語が使われているか教師は確認する。このタスクでの中心となる項目は There is ..., be going to なので，それが意味的に正しく，また，文法的に使われているか教師は教室内を歩いて確認する。

【実際の活用例】
　グループワーク中に起こりうることとして，有名観光地の英語名を学生が尋ねる可能性があるため，教師がある程度の観光地名を把握しておくとスムーズに進めることができる。There is ... に関しては，be動詞の活用に注意し，必要に応じて文法事項の説明を取り入れる。

　　S1：In Broadway, there is many musicals.
　　T：In Broadway, there ...（ここで，アイコンタクトやジェスチャーを用いて，学生に文を完成させる。）
　　S2：There are many musicals.

【評価方法】
　クラス内でのパフォーマンスを評価する際は，英語を用いて準備時間を進めているか，また，どれだけ積極的に旅行計画を立てているかを見て行う。また，このタスクをテストの一部として評価する場合には，学生の発言を録音し，学生が正確に学習項目を使っているかを評価することもできる。

4.3　アクティビティ3　犯人の聞き取り調査（高校）

【参考教科書】*Compass English Communication I*
【所要時間】40分
【教材】ハンドアウト・紙幣の代わりになるもの
【教材1】ハンドアウト

犯人と思われる人の資料

名前：Mr. ...	名前：Mr. ...	名前：Mr. ...
身長：	身長：	身長：
体重：	体重：	体重：
年収：	年収：	年収：
外見：（写真）	外見：（写真）	外見：（写真）

【備考】空欄は，前もって学生に記入させてもよいし，教師が記入してもよい。外見に関しては，形容詞を引き出せるように有名人の写真などを使い，そのコピーを各チームに配布する。また，学生のレベルに応じて人数を増やす。

【教材2】紙幣
50ドル紙幣の代わりになるもの（各々のグループにつき20枚）

【活用場面】
　捜査官役と犯人の知り合い役に分かれ，捜査官は犯人に関する質問を比較級，同等比較，最上級を用いて尋ねる。できるだけ少ない質問の数で犯人を見つけるよう伝える。

【展開】
1. 6〜8人のグループに分かれる。各グループの半分は捜査官役，残りは犯人の知り合い役になる。捜査官は1000ドルの資金があり，比較級，同等比較の質問に対しては50ドル，最上級の質問に対しては100ドルが質問1つごとに減る。知り合いは，捜査官の質問に答え，質問の種類に応じて50ドルもしくは100ドルもらえることを伝える。
2. 5分ほど準備時間をとり，捜査官は質問の方法を考え，犯人の知り合いはできるだけ特定されにくい人を犯人に選ぶ。
3. 捜査官は，犯人の知り合いに身長，体重，年収，外見に関する質問をする。質問をする際には，必ず比較級，同等比較か最上級を用いる。

また，質問の種類は Yes / No 質問に限定する。（例：Is the person taller than Mr. ...?）犯人の知り合いは，答えを Yes / No だけでなく，文で答える。もし，指定した犯人を比較級，同等比較で聞かれたときは，Yes で回答できる。

4. 犯人が特定された時点，もしくはお金がなくなった時点で終了。捜査官役の残金をメモし，チームを交代する。より残金の多いチームの方が勝ち。

【留意点】フィードバック

このタスクでの中心となる項目は比較級，最上級，同等比較なので，それが意味的に正しく，また，文法的に使われているか教師は教室内を歩いて確認する。

【実際の活用例】

答えが Yes や No だけで終了しないように，単語だけの答えでなく，文を用いた答えを引き出す。

S1：Is the person taller than X?

S2：Yes.

T：Yes, He is ...（ここで，アイコンタクトやジェスチャーを用いて，学生に文を完成させる。）

S2：He is taller than X.

【評価方法】

クラス内でのパフォーマンスを評価する時は，タスクのターゲットである比較級・最上級・同等比較をどれだけ積極的に用いているか，どれだけ積極的に質問と受け答えをするか，そして，準備時間中にタスクに取り組む姿勢を見て評価を行う。また，このタスクをテストの一部として評価する場合には，学生の発言を録音し，学生が正確に学習項目を使っているかを評価することもできる。

【応用】ライティングの宿題

準備時間中に，どのようにして少ない数の質問で犯人を見つけるか各チームで相談している。どのようなストラテジーを用いたか，100語程度の英文で書かせる。

5. おわりに

　コミュニケーション重視の英語教育を目指そうという動きはあるものの，実際に何をどのように取り入れればよいかという点では，明確になっていない点も多くある。とりあえず，ネイティブスピーカーに指導させる学校が多いのはそのためだろう。しかし，大切なことは，日々の英語教育で行われていることを再確認することである。タスクを用いることにより，明示的な知識を構築しつつも，意味を中心とした英語のやりとりを楽しく行い，コミュニケーション能力の向上につながると思われる。

　しかし，実際に導入していく際に，ある程度の努力は必要である。たとえば，高校入試，大学入試が英語学習のゴールという学生の場合，タスクを用いた英語教育がなぜ大切なのか理解させるのに時間がかかるだろう。その場合には，英語運用能力を重視した入学試験を用いる大学が増えてきていることなどを伝える必要がある。また，既存の中間・学期末テストが，文法・英訳・和訳を中心なら，テストにもタスクを用いてコミュニケーション力を測定するなど，改善する必要がある。そして，まだ日本にはTBLTをとり入れた英語の教科書が存在していない。既存の教科書の内容を発展させてタスクを作るなど準備に時間がかかるかもしれない。その時間を短縮するために，クラウドサービス等を利用して，教師間，学校間，教科書ごとに，タスクを自由に閲覧できるシステムが役立つだろう。

　国外の研究で，TBLTのプログラムにおいてコミュニケーション力が飛躍的に伸びたこと，学習者と教師に評価されたことを考えると，国内でも積極的に取り入れる価値はある。草の根的に教室内から用い始めることにより，教育機関レベル，また，行政レベルにも将来的に影響を及ぼすことができるだろう。

◆ ディスカッション・クエスチョン
1) 現在，学校で使っている教科書の内容や文法事項をもとに，どのようなタスクを作成できるか，「理論」で紹介したタスクの条件に関連づけて考えてみよう。
2) そのタスクを行うにつれて，どのような準備時間の使い方を指示するとさらにタスクは効果的になるだろうか。

3) タスクを用いた授業に対して評価方法はどのようなものだろうか？実際にテストでもタスクを用いると想定した場合，どのようなタスクを用いることができるか，採点方法はどうすればいいだろうか。
4) 日本の学校のように共通の第一言語がある場合，学習者たちは英語でできる部分も日本語で行う可能性がある。英語使用を促進するためにどうすればいいだろうか。

◆ 文献案内

① 松村昌紀（2012）『タスクを活用した英語授業のデザイン』東京：大修館書店

　日本でタスクを用いて英語授業を行うために，タスクをより効果的に取り入れるための「フォーカス・オン・フォーム」の概念や，訂正フィードバックなどが紹介されている。最終章では英語教育現場で実践するための具体的な方法も書かれている。理論と実践の橋渡しをしているため，これから英語教員を目指す方や，現在中学・高校の英語教員におすすめする。

② 横山吉樹・大塚謙二（2013）『英語教師のためのフォーカス・オン・フォーム入門　成功するタスク＆帯活動アイデア（目指せ！英語授業の達人）』東京：明治図書

　本書では簡単に理論に触れたのち，日本の中学校や高校で取り入れることのできる数多くのタスクが紹介されている。特に，日本の教育環境に合った内容となっているため，すぐに実践につながる1冊である。中学・高校の英語教育現場でタスクを授業に取り入れたい方におすすめする。

③ Ellis, R. (2003). *Task-Based Language Learning and Teaching*. Oxford: Oxford University Press

　TBLTの利用を強く提唱してきたRod Ellis氏によるTBLTの概論書である。インタラクション仮説などタスクの基盤となる理論を紹介し，タスクの要素を変化させて学生のレベルに合わせる方法や，学習項目があるシラバスの中でタスクを取り入れる方法についても書かれている。最後に，授業の仕方や評価方法なども書かれている。実践面だけでなく，理論的な部分にも深く触れられているので，大学院生や，英語教員におすすめする。

第7章
ペア・グループワークの潜在力を引き出そう

キーワード
学習者間インタラクション，フィードバック，社会的関係，
社会心理学

アブストラクト
　学習者間のインタラクションは，教師とのインタラクションといくつかの点で異なる。特に生徒が共に構築する社会的関係は，インタラクションにおける様々な学習機会に大きな影響を及ぼす。よって，タスク前およびタスク中に，学習者間のインタラクションの効果を引き上げる指導をすることが教師の大切な役割となる。

1. はじめに

　多くの教師は，生徒同士で行うアクティビティの効果に懐疑的です。よくある懸念事項として，学習者の自主性が挙げられます。生徒が英語でコミュニケーションをとるだろうか，与えられた課題を自分たちだけで完了できるだろうか，などの心配の声はよく聞かれます。また，お互いから誤った文法や単語を学ばないだろうか，お互いにフィードバックを与えるのは不可能ではないか，などのインタラクションの質に関した心配事項も挙げられます。このような懸念には，2つの背景が考えられるでしょう。1つ目は，教師が用いたアクティビティ自体に何らかの問題があった，2つ目は，教師がアクティビティを用いた際，アクティビティの前またはアクティビティ中に学習者間インタラクションの隠れた効果を引き上げる指導を行わなかった，などです。しかし，ペア・グループワークを有効に使用することは第二言語教育において非常に大切なことです。なぜなら，ペア・グループワークこそが，意味のあるインタラクションの機会を作り出すからです。特に，日本のような外国語学習の環境においては，教室外でのインプットがない，学習者の第一言語で指導する（日本語で英語を教え

る)，クラスサイズが大きく教師と生徒間のインタラクションが少ない，などの問題があります。このような環境では，ペア・グループワークを一層有効に活用したいものです。本章では，このような背景を踏まえた上で，理論，研究結果，および指導方法を紹介したいと思います。

2. 理論

　インタラクション仮説（interaction hypothesis）の考えにおいて，第二言語発達は以下の手順で起こる。まず学習者と対話者（教師や他の学習者）がコミュニケーションをとると，学習者が対話者の発話を理解できないなどのコミュニケーション上の問題が生じる（communication breakdown）。この問題を解決するためには，学習者が理解できなかったという信号，つまりフィードバック（feedback）を送らなければならない。このフィードバックによって，対話者は問題を引き起こした発話をより理解しやすい表現に修正する（インプット修正：input modification）。この修正された，より学習者の熟達度に近いインプットが言語発達に役立つ（Long, 2015）。この手順は，対話者が学習者の発言を理解できなかった場合にもあてはまる。対話者からフィードバックを受け取ることで，学習者は問題を引き起こした発話を修正することができる（修正されたアウトプット：modified output）。このように，誤った発話を修正し，より正しい発話を産出しようとする活動が第二言語習得には不可欠である（Swain, 1995）。学習者同士のインタラクションにおいては，このやりとりが双方向に起こり，言語発達を引き起こすと考えられている。どちらかが問題を認識した場合も，フィードバックが最も重要な役割を果たす。よって，認知的観点からの学習者間インタラクションの研究の多くはフィードバックに関するものが多い（教師のフィードバックに関しては第4章を参照）。

　しかし，上記の第二言語習得の理解は，社会文化理論（sociocultural theory）の立場からすると不十分である。社会文化理論からすると，知識は個々人の学習者の中に存在するものではなく，人間が相互にコミュニケーションをとる際のみに現れる**最近接発達領域**（Zone of Proximal Development：ZPD）で共有される。この環境において，より多くの知識を持った者（たとえば教師）が対話者（たとえば学習者）の学習を手助け

(scaffolding，足場かけとも訳される）するのである。従来，社会文化理論は知識に差のある者の間で行われる学習を説明するものであった（Lantolf, 2012）。

　しかし，第二言語習得研究者は学習者間のインタラクション，つまり知識のレベルにさほど違いがない者同士のインタラクションにおいてもZPDが構築されるとし，学習者間の社会的関係が主な研究対象となってきた。Storch（2002）は2つの指標をもとに学習者間のインタラクションの形態を4つのタイプに分類した。1つ目の指標は相等性（equality）で，2人の学習者がどのようにタスクを進めていくかに関したものである。たとえば，1人の学習者が常に方向性を決め，もう1人の学習者はそれに従うという場合は，「熟達者―初心者」形態と定義される。2つ目の指標は相互依存性（mutuality）で，学習者同士がお互いの貢献をどれだけ評価するかに関するものである。たとえば，2人とも話してはいるものの，お互いの発話に関心を示していない場合は「支配的―支配的」形態という（残りの2つは，互いへの関心度と依存性に応じて「協働」形態と「支配的―受動的」形態とされる）。多くの研究がこの分析手法を使用し，学習者間の社会的関係が学習に影響することを明らかにしてきた。

　近年の動向として，社会的相互依存理論（social interdependence theory）への注目が集まっている。この理論はグループ形態がそのグループに属する個々人の最終達成度に影響するというものである。この考えの中で最も重要なのがメンバーの互恵的相互依存関係（positive interdependence）である。この関係性は，グループ内の個々人がある活動を達成するために協力して行う必要があるということを認識することを意味する。このような関係性を築くことにより，グループ内でのコミュニケーションの形態が協力的になり，最終到達度が上がることが実証されている（Johnson & Johnson, 2009）。第二言語教育においては，Sato（2016）は，学習者のタスク・対話者に対する心理，グループワークの社会的関係，そして第二言語発達に相関関係があることを証明している。たとえば，学習者が肯定的な心理でアクティビティに臨んだ場合，この学習者は他の学習者と協力的な関係を構築する傾向にある。そして，この学習者の習熟度は，否定的な心理でアクティビティに臨んだ学習者より比較的に高い傾向にあるということだ。

3. 研究

3.1 ネイティブスピーカーのインタラクションとの比較

　学習者間インタラクションと学習者―ネイティブスピーカー間のインタラクションを比べた研究は，いくつかの重要な違いを明らかにしている。インプットに関しては，もちろんネイティブスピーカーの方が質的・量的に効果的な対話者と言える。しかし，フィードバックとアウトプットの機会に関しては，学習者間のインタラクションの方がむしろ有効であることが実証されている。まず，ペアワークに従事する方が，誤った発話に対するフィードバックを受ける回数が多い。つまり学習者の方がコミュニケーション中に起こる問題により反応するということだ。加えて，ネイティブスピーカーのフィードバックの大半はインプット供給型（正しい表現を与える）であるのに対し，学習者のフィードバックはアウトプット誘発型（誤った発言が起こったことのみを示唆する）を取ることが多い。後者のフィードバックを与えられた場合，学習者が元の誤った発話を修正する機会が増えるとされている。

　2つ目の側面はアウトプットの質と量である。まず，対話者が学習者の場合の方が，学習者はたくさん話し，よりレベルの高い発言をする傾向がある。また，フィードバックを受けた際の反応の量・質も対話者が学習者の場合の方が高い。

　これらの学習者間インタラクションに特有の現象には2つの原因が考えられる。まず学習者の心理状態が対話者によって異なるということだ。対話者が他の学習者の場合，より落ち着いた環境でアクティビティに臨むことができる。またインプットを理解し，アウトプットの産出に費やすことができる時間が比較的長いということも原因と考えられる（Sato & Ballinger, 2016）。

3.2 コミュニケーションの手法

　学習者間インタラクションの分野においては，オーラルとライティングの比較，直接対話とコンピュータを介した会話の比較が現在重要な研究テーマである。オーラルとライティングの比較に関する研究では，共同作文の方が学習者の言語活動を促進すると報告されている。たとえば，

フィードバックや学習者同士で不確かな文法を解決しようとする活動（language-related episodes：LREs）の量は共同作文の方がより多い。無論，英語で書く場合，学習者は産出した言語を目で見て確認することができる。加えて，インプットを理解しアウトプットを産出できる時間が比較的長い。以上の研究結果は，このようなモードの特性に起因するものと考えられる。しかし，この量的違いは学習者のアクティビティに対する関与の度合（level of engagement）と比例しないこともわかっている。たとえば，学習者が文法の誤りに対してフィードバックを行ってはいるものの，発話の意味内容を無視している場合もある。このような，学習者の関与の度合が低い状況におけるフィードバックがどのように言語発達に影響するか（フィードバックの質）は今後の研究課題である。

　直接対話とコンピュータを介した会話の比較研究では，LREs の回数が直接対話よりもチャットでのコミュニケーションの方により観察された報告もあれば，関与の度合に関しては，直接対話の方が有効だという報告もある。全般的には，学習者の言語意識はコンピュータによって促進されるが，直接対話における社会的関係の強みが失われると言えるだろう。

3.3　タスクの様式

　学習者間インタラクションの効果に影響を及ぼす要因の１つはタスクの特徴である。タスクは，情報量，複雑さ，トピックなどの点によって分類できる。情報量とは，誰がどれだけの情報を手にしているか。たとえば学習者Ａが学習者Ｂの私生活についてインタビューするようなタスクでは，学習者Ａが平易な質問をし，学習者Ｂが答えるというパターンが起こるだろう。この際，学習者Ｂの発話機会がより多いことが予想される。他方，学習者ＡとＢが異なった情報を探り当て合う（たとえば，ある新聞記事の異なる箇所を学習者ＡとＢが持っている）ようなタスクなら，学習者Ａ・Ｂともに同じ発話機会が生まれる。フィードバックとアウトプットを比べた場合，双方向に情報が交換される（two-way information exchange）タスクがより優れている。

　２つ目の特徴は，タスクがどれだけ複雑か（task complexity）ということである。例えば，２人の学習者が人物とその動きを描写した絵を持っていて，お互いの絵の中にある情報を探り当て合う。このようなタスクにお

いて，描写する人物の数を増やしたり，人物の心理を推測させるような指導を含めることによって，学習の発話の質（語彙・文法）が上がることが実証されている（タスクの詳細に関しては第 6 章を参照）。

　最後に重要なのが，タスクのトピックである。いくら情報量，難易度を操作したとしても，トピックがつまらないものなら，学習者のタスクに対する関与度は低くなる。トピックは学習者の年齢，興味，教育目的に即して選ぶべきであろう。

3.4　習熟度

　学習者間のインタラクションに関して教師が最も懸念するのは，おそらく学習者の習熟度であろう。習熟度が低い学習者同士がアクティビティを行っても，学習につながるのだろうか。習熟度が高い生徒と習熟度が低い生徒を組み合わせても，お互いのためになるのだろうか。この分野においては，2 種類の比較研究がある。1 つ目は，習熟度が異なる組み合わせ（高と低）と習熟度が近い組み合わせ（高と高・低と低）を比べたものである。多くの研究が習熟度の異なる学習者を組み合わせた方が学習につながるとしている。この結果は社会文化理論における助け合いの考えによって説明される。つまり，知識の差が熟達者―初心者の関係性（ZPD）を作り出し，お互いの学習に貢献し合うのである。この場合，習熟度が高い方の学習者も習得が進むと報告されている。

　2 つ目は，習熟度の似通った学習者同士を組み合わせ，異なる習熟度の組み合わせを比べたものである。いくつかの研究は，習熟度の高い組み合わせ（高と高）の方が，第二言語知識が豊富なため，言語活動に長けているという結果もある。しかし，習熟度の低さ（低と低）が多くのコミュニケーション問題を引き起こすため，より学習に役立つという結果もある。どちらの比較研究においても，学習者間インタラクションの効果を左右するのは，学習者が共に作り出す社会的関係（collaborative pattern）であることを無視することはできない。

4.　授業での活用

　学習者間で行うインタラクションは外国語環境（たとえば，日本におけ

る英語)よりも第二言語環境(たとえば,カナダにおける英語)での教育現場に適していると思われがちだ。しかし,本章で紹介するアクティビティは日本の教育現場でこそ効果を発揮するものである。なぜなら,学習者が発話する機会が教室外にはほとんどないからこそ,教室内でインタラクションを行うべきだからである。また,日本では,授業の主目的が入試に合格すること,教師の習熟度が英語で授業を行うのに不十分なこと,教師と生徒の社会的関係が階層的なため意味のあるコミュニケーションが成り立ちにくいこと,1クラスの生徒数が多すぎること,などの教育的・文化的な問題が存在する。加えて,教師とコミュニケーションをとる際,日本人は,常に文法の正確性を懸念する傾向にある。よって,正確さを気にしすぎるあまり,意味内容に集中できなかったり,しゃべれなくなったりする。このような社会・言語教育環境において,学習者間で行うアクティビティは非常に便利で効果的な指導手段と言える。しかし,学習者間インタラクションには以下で説明するような弱点がある。ここでは,学習者間インタラクションに潜在する問題点を踏まえた上で,学習者間インタラクションの効果を引き出す4つの手法を紹介する。

4.1 問題点

これまで論じてきた研究結果は,研究室における実験的手法を用いたデータに基づいたものが多い(特にインタラクション仮説に関する研究)。しかし,実際の教育現場,つまりクラスルームでは,実験室には存在しない様々な現実問題が介在する。まず,生徒が英語でコミュニケーションをとりたがらない。これには,様々な心理的要因が考えられる。やる気がない,恥ずかしい,他の生徒の英語を信用しない,アクティビティの効果に懐疑的,などである。学習者がこのような心理状態でアクティビティに臨んだ場合,いくらアクティビティ自体の質が高くても,発話の量が減り,質も落ちる。また活動への関与の度合も下がる。このような状況では,教師がアクティビティ作成に費やした時間,学習者間インタラクションに割いた授業時間が無駄になってしまう。

学習者同士のフィードバックの質に関する問題も指摘されている。具体的には,学習者のフィードバックは教師のフィードバックと違い,暗示的で強制力を欠くことが多い。フィードバック自体が誤っている可能性も拭

い切れない。心理的観点からすると，たとえフィードバックが適切で明示的であっても，もし学習者が対話者の習熟度に懐疑的なら，フィードバックを無視する可能性もある。

4.2 協力的なクラスルーム環境を作り出す

　学習者間のインタラクションを効果的なアクティビティにする基礎となるのは，クラスルームの環境と言える。Walqui（2006）は3段階の協力的クラスルーム構築方法を提示している。第1段階として，教師が心がけるべきことは，生徒が自由に発言でき，自らの英語に自信を持てる，つまり語彙や文法が不十分だということは当然のことだと認識できるクラスルーム環境を作り上げることである。このような環境を構築するには様々な方法が存在するが，たとえば，自己診断チェックリストを使用するのが有効だ。次ページの図1は，社会心理学，認知心理学，教育心理学を応用した例である。このようなチェックリストをペア・グループワークに先立って配布し，生徒同士でディスカッションさせるとよいだろう。社会心理学においては，他者からの評価を恐れる心理がコミュニケーションに及ぼす影響が広く証明されている。否定的心理が働いた場合，話者はディスカッションに参加することを拒絶する傾向にある。質問Aは，この心理を学習者間インタラクションに応用したものである。質問Bは，教育心理学で研究されている固定的・拡張的知能観（fixed / growth mindset）の概念を応用したものだ。学習者が第二言語発達は才能によって決まるものだ，努力は関係ない，と考え，そして自分に才能がないと決断した場合，その学習者はコミュニケーションに参加しない傾向にある。質問C・Dは，上述した社会的相互依存理論に基づく。学習者がタスクを完了するには，すべてのメンバーが貢献しなければならないと認識した場合，コミュニケーションの質（会話のやりとりや内容）は上昇する。質問E・Fは，第二言語習得研究において，フィードバックの効果が学習者の心理に左右されるという研究結果をもとにしたものだ。

　Walqui（2006）の提案による第2段階は，生徒に何をするべきかをしっかり理解させる試みである。いくら学習者が肯定的な心理でアクティビティに臨んでも，タスクのゴールは何なのか，そしてゴールに到達する手順を100％わかっていなければ，効果的なインタラクションは望めない。

	1	2	3	4	5	
A. 理解が確かでない単語や文法を試すのが好きだ。	□	□	□	□	□	自分が知っている単語や正しいと分かっている文法でコミュニケーションを取りたい。
B. 自分の英語力はいずれ伸びると確信している。	□	□	□	□	□	英語力の伸びは個々人の才能で決まるものだ。
C. 他の生徒と英語で会話するのは楽しい。	□	□	□	□	□	個人で行うアクティビティの方が自分には合っている。
D. 他の生徒と英語で話すことは、英語力を伸ばすのに有効だ。	□	□	□	□	□	他の生徒と英語で話すことは、英語力を伸ばすのに助けにならない。
E. 自分が誤った英語を使った際、他の生徒に訂正してもらいたい。	□	□	□	□	□	自分が誤った英語を使っても、他の生徒には無視してもらいたい。
F. 他の生徒が誤った英語を使った際、訂正してあげられる。	□	□	□	□	□	他の生徒の誤った英語を訂正するのは不可能だ。

図1　自己診断チェックリスト（Sato, 2011）

　最後の第3段階はアクティビティ中に教師が生徒同士の助け合いをサポートすることである。よく見かけられるのは，ペア・グループワークを課した後，教師が机に座っている，歩き回ってはいるが特に何もしていないという状況だ。これでは，学習者間インタラクションが効果的に行われているかを把握できない上，生徒の自主性にも悪影響を及ぼす。お互いの情報・意見を尊重することを促したり，学習者にインタラクションの模範例を見せたり（後述）するのも効果的だろう。クラスルームを協力的にする手法において，教師が認識しなければならないことは，生徒の学習態度を変えるのには時間がかかるということだ。よって，たとえば，学期の始めに，よりよいクラスルームの環境を作り出すことにじっくり時間を割くことは長期的に見て非常に有効なことだと言える。

4.3　プライミング

　教師が協力的クラスルーム環境の構築に成功し，生徒が英語でタスクに

取り組み，積極的に発言し，互いの貢献を評価し合うようになったとしよう。次に教師が直面する問題は，生徒のアウトプットの質である。英文法においては，同じ意味内容を表現するのに，異なった文法を使用できるかどうかといったことである。たとえば，A：There is a man with a black dog. と B：There is a man who has a black dog. という2つの文はほぼ同じ意味だ。だが，例文Aは前置詞を，例文Bは関係代名詞を使っている。はたして初級の学習者に男性が犬を連れている絵を描写させるとどちらの文法を選択するだろうか。ほとんどの場合が例文Aになる。つまり，授業において重要なのは，教師が生徒に対し，どのようにより難易度の高い文法を使って，意味のあるコミュニケーションをとらせるかなのである。

特定の文法の産出を促すには，認知心理学で研究されているプライミング（priming）という手法が有効だ（詳しい理論については McDonough & Trofimovich, 2009参照）。プライミングとは話者が過去（直近）に聞いた文法・語彙・発音が話者の理解（comprehension）と産出（production）含めた処理活動に影響するという事象である。上記の黒い犬の例を使うと，もし話者が例文Bを直前に聞いていた場合，次に発話する際に関係代名詞を使用する確率が上がるということだ。たとえば，次に描写する絵が尾の長い，骨をくわえている犬だとしよう。この場合，学習者が，I see a dog that has a bone. や A dog that has a long tail is eating a bone. などと発話する可能性が例文Aを直前に聞いていた場合より高くなる。重要なのは，プライミングの生じる過程は暗示的だということだ。つまり，話者は直前に聞いた文体を使っているという認識がない場合がほとんどである。よって，プライミングは，常に文法の正確性を気に掛けている日本人に対し，意味内容に集中させる一方，特定の文法を産出させるのに効果的である。

プライミングは授業における学習者間インタラクションに応用できる。3人のグループワークの場合，まずはじめに3つの異なるテキストと3つの文法を選ぶ（文法A，文法B，文法C）。そして，生徒Aに文法Aを含む文，生徒Bに文法Bを使った文，生徒Cに文法Cを含む文を渡す。そして，これらの文法を使いそれぞれの生徒にコミュニケーションをとらせる。たとえば，中学生を対象に関係詞，副詞句，前置詞句を教えると想定しよう（*New Horizon*, Book 3, Unit 0）。まず3つのテキストは，異

なる国に関する面白い記事を選ぶ。記事と共に生徒に渡すのは，対象の文法使って作成されている記事の情報を要約した文と，お互いから得なければならない情報のリストだ。たとえば，生徒Aには，Chileans who love soccer also love meat. などの関係詞を使った文，生徒Bには，Croatians go to the beach when it is sunny. などの副詞節を使った文，生徒CにはZimbabweans always dance during ceremonies. などの前置詞句を使った文を渡す。これらの文と共に，things people love, weekend activities, ceremonies などの互いの記事から探り当てなければならない情報のリストを渡す。プライミングが効果的に引き起こされた場合，アクティビティ中，生徒Aは副詞節と前置詞句を，生徒Bは関係詞と前置詞句を，生徒Cは関係詞と副詞節を意識しないで理解し産出することになる。与えられた文を読んでいる生徒はその文法に集中してしまう可能性もあるが，他の生徒は気づかないうちにパートナーが使った文法を練習することになる。またお互いの個人的意見（たとえば，What do you think about the article?）を共有し合う質問を入れるのも意味のあるコミュニケーションを引き出すのに有益だ。

4.4　意味のある練習

　日本人英語学習者を含む多くの外国語学習者に典型的な第二言語発達のパターンは，文法は知っているが，意味のあるコミュニケーションにおいて知っている文法を正確かつ迅速に使用できないというものだ。この現象は**スキル習得理論**（skill acquisition theory）によって説明できるだろう（詳しい理論については，12章や Lyster & Sato, 2013参照）。このような学習過程は**宣言的知識**（declarative knowledge）は保有しているが，**手続き的知識**（procedural knowledge）が発達していない状況にあると言える。スキル習得理論が唱えるのは，手続き的知識は，練習を重ねることによって習得されることである。この練習は，意味を伴いかつ繰り返し行われなければならない。よく引用される例が楽器を使う技能の習得過程だ。たとえば，ギターを弾く技能を習得する過程において，はじめはどの指をどにおいて，どのようにピックをあてるかなどの知識を学ばなければならない。しかし，数年後たくさんの練習を重ねた後は，このような手順を考えることなくギターを弾けるようになる。また，この段階に到達すると元々

常に考えていた手順を説明すらできなくなることもある。この**手続き化**（proceduralization）は外国語習得にもあてはまる。はじめは文法を考えてばかりいるが，練習を重ねることにより，発話の正確性と速度が増すという現象だ（詳細は12章を参照）。

さて，手続き化を促すような意味のある繰り返しを授業に応用するにはどのような手法があるだろう。要は，生徒の発話機会をできるだけ増やし，速度を上げさせることが重要なのだ。上述のプライミングアクティビティを使って例を挙げる。まずクラスを3グループに分ける（図2参照）。そして，3つの異なるテキストと付随教材をそれぞれのグループに渡す。生徒に課されるのは，お互いの情報・個人的意見を限られた時間内に引き出すことだ。図表の点の生徒に集中していただきたい。まずはじめに隣に座っている同士でインタラクションする（ラウンド1）。同じように，今度は前に座っている生徒とインタラクションする（ラウンド2）。この時点ですべての生徒は自身を含めた4人からの情報を保持することになる。次にグループの半分を移動させる（点線部）。そして，同じように情報を交換する（ラウンド3）。これを繰り返し，ラウンド4の時点では，すべての生徒が12人からの情報・個人的意見を交換していることになる。重要なのは，どのラウンドにも同じ制限時間を与えることだ。回が増すごとに生徒はより多くの情報を交換しなくてはならない。そのため生徒はより速く話そうとするだろう。このようなアクティビティは特定の文法項目の手続き化に有効であろう。

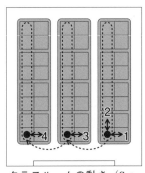

図2　クラスルームの動き（Sato, 2011）

4.5 フィードバック・トレーニング

　これまで，協力的クラスルームの構築，特定の文法を産出させる手法，そして意味のあるアウトプットを繰り返し引き出す方法を紹介した。もし教師がこれら全てに成功したとして，最後に残る学習者間インタラクションの弱点は，第二言語習得に不可欠であるフィードバックの量と質である。学習者のフィードバックは発話のどの部分に誤りがあるかがはっきりしなかったり，暗示的であったりして，効果を発揮しない場合がある。この場合，学習者間インタラクション中に起こった語彙・文法・発音の誤りは放置され，生徒が誤った言語を練習し習得してしまう（fossilization）可能性もある。よって，これを防ぐために教師のすべきことは，学習者間のフィードバックの回数を増やし，その質を上げることである。

　第1段階としては，生徒にフィードバックの模範例を提示することだ。教師が他の教師（たとえばALT）と生徒のふりをして，わざと誤った発言をし，フィードバックを与え合うのが最も簡単な方法だ。また学習者2人にフィードバックのトレーニングをして，トレーニング後のインタラクションをビデオ撮影し，このビデオを教室で見せるという手もある。例を作成する際のいくつかの留意点は，まずいろいろな種類のフィードバックを提示すること。たとえばインプット供給型のリキャストや，アウトプット誘発型のメタ言語的手がかりを混ぜることにより，生徒が1つのフィードバックばかり使う状況を防ぐことができる（フィードバックの種類に関しては第4章を参照）。次に模範例において，フィードバックを受けた側は，元の誤った発言を修正して示す。この修正アウトプットが学習につながることは広く証明されている。忘れてはならないのが，フィードバックが協力的な形で出されることだ。お互いの貢献を尊重した，友好的なインタラクションを模範例として紹介したい。

　第2段階として，模範例の振り返りを行う。生徒に対して，模範例の中で何が起こったのか，どのように誤りが訂正されたか，訂正された話者はどう反応したか，フィードバックがどのように学習につながるか，などのディスカッションまで含めるのがよいだろう（Suzuki, 2012）。模範例を見せることは，短い期間でも効果を発揮する。しかし，さらにフィードバックの質を上げ，生徒にフィードバックの仕方を会得させるためには，時間をかけた練習が必要だ。

第3段階で重要なのは，フィードバックを練習する機会を作り出すことである。つまり，生徒に故意に誤った発言をさせることである。誤った発話がない限り，フィードバックを練習することはできない。図3はフィードバックを練習させるアクティビティの実例だ。まずクラスを3人のグ

Scenario 4 (Collaboration)—Subject-verb agreement	
You are angry at your friend because he did not participate in the last group assignment with you. You decided to talk to the instructor. You are explaining what he did and what he did not do to your instructor in the office.	

Error List	
Error	Correct
Both he and I **was** working hard at the beginning. He or I **were** going to prepare powerpoint slides. Every part of the assignment **were** done by me! Working with him **were** disaster!	Both he and I were working hard at the beginning. He or I was going to prepare powerpoint slides. Every part of the assignment was done by me! Working with him was disaster!
Both he and I **was** working hard at the beginning. Either he or I **were** going to give a presentation, right? He said giving presentations **were** my role. Everyone in this class **hate** him now!	Both he and I were working hard at the beginning. Either he or I was going to give a presentation, right? He said giving presentations was my role. Everyone in this class hates him now!
Both he and I **was** working hard at the beginning. Either he or I **were** going to make an appointment with you. All of the project **were** done by me! Preparing powerpoint slides **were** done by me too!	Both he and I were working hard at the beginning. Either he or I was going to make an appointment with you. All of the project was done by me! Preparing powerpoint slides was done by me too!

図3　フィードバック練習アクティビティ（Sato, 2011）

ループに分ける。そして、それぞれの生徒に3つに分けられた正しい文と誤った文のセットを配布する（文を見せ合ってはいけない）。そして、グループを、生徒Aは話者役、生徒Bはフィードバック役、生徒Cは観察者役に分ける。生徒Aは、与えられたシナリオに沿って、オリジナルなストーリーを作り出す（もちろん実話でもかまわない）。作り話を作成する際に、用紙に示された誤った文を組み込まなければならない。そして、生徒Aは、ストーリーを生徒Bに話す。重要なのは、生徒Aは誤った文をできるだけ隠すことだ。よって、生徒Bはフィードバックを素早く出すために、生徒Aの話を集中して聞かなければならない。生徒Bは、誤りを聞くたびに、模範例で見たフィードバックを出す。この間、生徒Cの仕事は、生徒Bが誤りを見落とさないかをチェックし、ストーリーが終わった時点で結果を報告することだ。この役割を順番に回すことにより、すべての生徒がフィードバックの出し方を練習することができる。

同様の練習を別のシナリオ・文法項目で行うことはフィードバックの量・質を上げるだけでなく、生徒の言語意識を高めることにもつながる。一旦、生徒がフィードバックの仕方を会得し、互いの誤りを訂正し合える環境が整えば、他のペア・グループワークにおいても、生徒がフィードバックを受け取ることになり、アクティビティの効果が格段に上がる。

5. おわりに

学習者間インタラクションの研究は、本章で紹介した新しい理論構築に見られるように、近年、脚光を浴びている。これは教師とのインタラクションと違い、学習者がコミュニケーションをとる際の社会的関係が学習に及ぼす影響がより大きいからだ。この事象を理解し、指導に役立たせるためには、様々な研究分野からの理論的視点が求められるだろう。また、学習者間のインタラクションはクラスルームで便利に利用できる反面、いくつかの問題点も存在する。よって、教室内における意味のある発話機会を増やし、本章で紹介した様な手法を使い、ペア・グループワークを学習につなげるのが、教師の大切な役割となるのである。限られた授業時間を、より質の高いものにするためには、教師の授業準備と授業中の介入が不可欠である。

◆ **ディスカッション・クエスチョン**
1) ペア・グループのアクティビティをいくら工夫して作っても，生徒が英語でコミュニケーションをとらないことがある。どうすればこの問題を解決できるだろうか。
2) クラスの中には，異なった性格，適性，または習熟度を持った生徒が常に混在する。教師がグループを選ぶべきか。もし選ぶなら，何を基準に生徒を組み合わせるべきだろうか。
3) ペア・グループワークの最中，教師は何をしているとよいだろうか。どれだけ，そしてどのように学習者間のインタラクションに介入すべきか。

◆ **文献案内**
① Philp, J., Adams, R., & Iwashita, N.（2014）. *Peer interaction and second language learning*. New York, NY: Routledge.
　本書は，主にインタラクション仮説的視点から，学習者間インタラクションの研究を論じる。学習者がどのようなインタラクションをするか（たとえば誤った発話や，フィードバック）の詳細を報告し，学習者の個人差がどのように学習に影響するかを検証している。最終章は，タスクの形態，コミュニケーション様式，学習者同士による評価活動を論じる。学習者間インタラクションにおける教師の役割に特化した章も含まれるので，研究者のみならず，教員志望の学生にも便利な文献だ。

② Sato, M., & Ballinger, S.（Eds.）.（2016）. *Peer interaction and second language learning: Pedagogical potential and research agenda*. Amsterdam: John Benjamins.
　本書は，学習者間インタラクションの実証研究のみを集めた初の出版物である。13の研究は，異なる教育環境，学習者年齢，対象言語を含み，様々な理論的・方法論的視点を持った研究者によって書かれている。すべての章は研究結果の授業への応用を論じる。また，巻頭章は，これまでの学習者間インタラクション研究を網羅し，巻末章は，これからの研究に指標を示すように書かれている。よって，学習者間インタラクションに興味のある研究者や大学院生，ペア・グループワークを効果的に使用したい教師，

これから教壇に立とうする学生にとって便利な文献である。

③ Storch, N.（2009）. *The nature of pair interaction: Learners' interaction in an ESL class: Its nature and impact on grammatical development.* Saarbrücken, Germany: VDM Verlag.

　本書は社会文化理論に沿って行われた学習者間インタラクションの研究を詳細に報告するものだ。著者が提案した学習者間のパターンは，後の研究に大きな影響を及ぼしたので，この考えを深く理解する上で本書は非常に役立つ。また，学習者同士で1つのテキストを書き上げるアクティビティ（collaborative writing activity）とその学習に及ぼす効果が詳しく論じられている。このアクティビティも後の研究で多用されるようになったので，社会文化理論的学習者間インタラクションの研究に重要な要素を理解する上で有効な文献だ。

第8章
発音指導

キーワード
明瞭性，わかりやすさ，気づき，注意

アブストラクト
　　発音指導では，日本以外の非英語圏の英語話者とのコミュニケーションを念頭に，わかりやすい発音を目標とし，優先すべき点を絞り，発音ルール・仕方を教えた上で，気づきを促しながら，習得させるべきである。

1. はじめに

　「発音指導ってどうすればよいのだろう」．発音のきれいな日本人を見ると「かっこいいなぁ」．心の中でこんなことを思ったことはありませんか？「いや，カタカナ発音でも大丈夫。通じればいいから，発音より，伝える姿勢やコミュニケーション能力が一番大切だ。」と言う人もいますが，本当にそうでしょうか？　大学の英語の授業で，発音の仕方を説明すると学生は例外なく興味津々です。こんな面白い実験がありました。2種類の英語（外国語訛りの強い英語とほぼ訛りのない英語）で同じ内容の講義を学習者に聞かせたところ，ほぼ訛りのない英語の講義の方が，より面白く，論理的に組み立てられた講義だという回答が多かったということです（Szpyra-Kozlowska, 2015）。このように，潜在的に発音は人の感覚的な部分に影響を与えているのです。
　そもそも，自分の言いたいことを相手がわかったとしても，どのくらい発話が明瞭で（intelligibility），理解しやすかったか（comprehensibility）は，会話をする上で重要ですよね。カタカナで「オレンジジュース」/olendʒi dʒuusu/ と発音しても，「わかってもらえる」かもしれませんが，英語のルールで /ɔ:rɪndʒ dʒu:s/ と発音した方が「わかりやすい」ですよね。本章では，発音指導に関する研究を概観し，生徒にとって困難な点

に配慮した発音指導の方針，実際の効果的指導法について考えます。

さて，日本人の英語（Japanese English）と聞いてどのような英語を連想しますか？ 実は，本来，「カタカナ英語」を指すのではなく，English for expressing Japanese values in international communication と定義され，日本人の価値観を反映し国際的なコミュニケーションをとることのできる「英語」なのです（Hino, 2012）。ある程度英語の規則に則った発音をもとに，日本人らしさを表現する英語といえます。たとえば，先輩後輩を区別せず "my team mate" と呼ぶ英語的発想ではなく，日本文化的に即して "my senior team mate" と表現したり，「ご自愛下さいませ」を "take care" ではなく丁寧に "It is getting cold recently. Please take good care of yourself." などと表現したりすることが挙げられます。

英語を話す際に大事なことは，通じることではなく，わかりやすく伝えることです。日本語に存在しない /r/ の音を /l/ で代用したり，母音が入らない箇所に母音を入れて，たとえば，/æpl/ をあっぷると発音したりしても，多くの場合，わかってはもらえるでしょう。しかし，英語には英語の発音の規則があります。最低限の規則に則り発音することが，英語母語話者・非英語母語話者を問わず，できるだけ多くの人にわかりやすくなることに，異論のある人はいないでしょう。

残念ながら，発音指導は世界的に軽視されがちで（Derwing, 2012），ここ10年ほどでようやく注目を浴びてきています。英語教員志望の1年生の最初の授業で私が必ず伝えるのは，教師が発音指導を軽視することは，誰もが心の中では憧れる「わかりやすい英語」を学ぶ機会を提供しないことになるということです。かといって，忙しい日々の授業で発音だけに焦点をあてることは非現実的であり，すべての面が重要というわけではありません。では，どういった理論に基づき，どのような方針でどのような活動を取り入れることが効果的なのでしょうか。

2. 理論

発音の定義として，まず，理解のしやすさ（comprehensibility），発話の明瞭さ（intelligibility），訛り度合（accentedness）が挙げられる。研究でも，comprehensibility, intelligibility が低いと判断されるのは，多くの場

合，訛りが強いケースで（Derwing, 2012）．これら3つの要素は関連しているのである。また，発音矯正（accent reduction）と発音指導（pronunciation instruction）は同じだろうか。答えはNOである。前者は訛りを矯正することであり，後者は発音を改善することであるから，方向性が異なる。訛りを矯正しても必ずしもわかりやすい英語になるとは限らない。つまり，目指すべき方向性は，訛りの矯正ではなく，いかに相手にわかりやすく発音し，英語を話すかという，発音改善であることは感覚的にもわかりやすいであろう。

　次に近藤・那須川・西原・高橋（2015）によれば，分節的単位の発音（分節的：segmental）と，連続した言語音に及ぶ特性に関係する現象（超分節的：suprasegmental）を確認したい。segmentalは，母音や子音といった個別の単位のもので，suprasegmentalは，音節や韻脚，句などの領域に関わる，イントネーション，リズム，強勢，連接などを指す。どちらがより重要かは，学習者の第一言語との「距離」によって変わり（Szpyra-Kozlowsak, 2015：113），必ずしもすべての発音領域が重要というわけではない。ただ，両言語の音声体系が全く異なる日本人にとっては，segmentalとsuprasegmentalを，実態に応じて指導するのが望ましい（Saito, 2014）。

3．研究

3．1　世界全体の傾向

　意味重視のCommunicative Language Teachingが主流の中で，発音は英語に触れることを通して自然に向上すると推測され，発音指導は注目を浴びてこなかった。しかし，21世紀に入り，その傾向が変化し，2005年あたりから発音研究が活発になり，発音教育の波が起こりつつある。

　とはいえ，実際の教育現場にそれが浸透するのには時間がかかり，教員の発音指導に対する認識は依然として高いとはいえない。これは日本だけではなく，英語教員の発音指導に対する認識に関する研究をまとめたMurphy（2014：203）によると，諸外国でも，発音指導に対する準備不足，発音指導のための研修の必要性，発音指導に関する専門的なプログラム不足というような不安要素を感じているという。

非英語母語話者教員にとって，発音指導にはどこか自信を持てないかもしれない。しかし，非英語母語話者教員は，自分自身，英語学習者として発音を学び，身につけており，実は，学習者にとってより身近な，目の前の証拠的モデルという点で有利なのである（Murphy, 2014：205）。逆にいうと，教師は学習者にとって，そのような目指すべきモデルでなければならないことを筆者は強く強調したい。では，日本ではどのように教えるのが効果的であろうか。

3.2　指導の方向性
　発音指導の基本方針は，発音に関するすべての面に注意を向けるのではなく，わかりやすさに直結する重要な要素を重点的に指導していくことである。また，今や世界中で億単位の，多種多様な背景を持った人々が英語を話す時代の中で，誰にとってわかりやすい英語を目指すべきだろうか。1つ，興味深い実験を紹介したい。カナダ人とシンガポール人を対象に，非英語母語話者の英語を評価させた実験がある。その結果，日ごろから多様な英語に接しているシンガポール人は比較的柔軟な理解度を示したが，単一言語環境で暮らすカナダ人にとっては，音声面での正確性と流暢さが重要な判断材料で，厳しめな評価を示したという。たとえば，50名の日本人被験者のわかりやすさを9段階（9が最もわかりにくい）で評価した際，シンガポール人の評価者は平均4.0だったが，カナダ人は4.7であった（Saito & Shintani, 2016）。このように，発話に対するわかりやすさは，聞き手によって異なるもので，さらに，その理解度に影響を及ぼす要因も聞き手によって異なるということだ。つまり，英語を話す際は，必ずしも英語母語話者に通じる英語を目指すのではなく，広い視点で，英語非母語話者も含む，より多くの人にとってわかりやすい英語を目指すべきである。
　加えて，正確に発音するためには，音を聞き取る力も必要である。発音をしようとしている音と自分が発音した音が合っているのか，どうずれているのかを認識する力も必要である。

3.3　4つの指導ポイント
　以上をもとに，発音指導のポイントを以下に4つ示したい。
(1)「自分の発音」と「モデル発音」の違いに気づかせ，そのギャップを埋

めていく。

　たとえば，多くの学習者にとっては，/r/ と /l/ の違いがわからないため，まずはそれらが異なる音であることを教える。はじめに，ミニマルペア（right/ráit/ と light/láit/ のような対ペア）を利用して，違いを認識させる。right と light を板書して，教師がその2種類を発音・説明し，その違いに対する共通認識を学習者と教師が持つ。次に，練習をしながら，学習者にどちらか一方を発音させ，教師が「今は light と言ったのかな？」という風に，「どちらに聞こえたか」を教師・生徒が双方向で確認する。スマートフォンを利用して，実際に学習者自らの発音を録音させて，ペアで確認させたり，ティームティーチングであれば，複数教員で確認したりもできるだろう。なお，この指導においては，機械的に /r/ と /l/ の違いを扱うのではなく，意味の違いを意識することも重要である。right と light においては /r/ と /l/ を間違えただけで意味も異なってしまう。sink と think では，行為そのものが異なるというように，音と意味が直結することを学習者に認識させたい。

　そして，すでに日本語の音声がインプットされている日本人学習者にとっては，分節音レベルの音を正確に聞き取る力の強化も必要である。/r/ をはじめ，英語には，日本語に存在しない音が存在しているため，/r/ の音も /l/ に聞こえる学習者が少なくない。そのために，日ごろから分節音レベルの音を聞き取る訓練が必要となる。そこで効果的なのが，シャドーイングである。シャドーイングは，よく誤解されるが，スピーキングのための活動ではなく，個々の音を聞き取る力（音韻知覚）を鍛えるリスニングのための活動であり，比較的短期間で効果が表れる（Hamada, 2016）。授業中や，宿題として取り入れることでリスニングの訓練となり，かつ発音習得への期待もできる。シャドーイング用の音源は，ペアや教師ではなく，CDを用いる。

(2) 口や舌の動きを示しながら，発音の方法も教える

　上記の手順で音の違いへの気づきを頭で理解すると同時に，その対象となる音を発音するための，口や舌の動きを視覚的に体得できるように教える必要がある。方法は，教師が示す，画像で示す，発音を扱う web サイトを利用して示すなど様々あるが，学習者の頭と体が一致するような方法

（頭で理解し，その理解を技術的に発音でも表現できる）を，教師の感覚もフル活用して適宜組み合わせる。電子ツールが発達している現代では，下記のようなサイトを利用して，電子黒板を利用したり，プロジェクター，スクリーンを利用したりして教えるのが効率的である。このサイトの優れた点は，各音声が，口の断面図・正面から見た口の形とともに聞けることである。

　　Phonetics: The Sounds of American English
　　（http：//soundsofspeech.uiowa.edu/english/english.html）

［例］　ターゲット音：æ
・サイト上部にある vowel → monophthongs → front をクリックすると /æ/ が表示される。
・/æ/ をクリックし，画面下の animation with sound では，/æ/ の音声が，口の断面図ととも確認できる。
・step-by-step をクリックすると，/æ/ をどのように発音するかを順を追って視覚的に確認することができる。
・右画面で，正面から見たときどのような口の動きをするかを音声と一緒に確認する。
・その下には，/æ/ を含んだ例が複数提示され，音声も流すことができる。

　　教師が発音して示すケースでは，後方の席の生徒には見えにくかったり，口内断面図を示すのが不可能だったりするが，これらの補助サイトを使用することで，視覚的にもわかりやすく教えることができる。/f/ の音や /θ/ や /æ/ の音は特に，口の形や舌の動きを音だけでなくイメージとして体得することができる。

(3) **意味処理を伴うタスクでも練習し，音声概念を生徒がわかった上で訂正フィードバックをする**
　音声の個別習得と並んで，議論等の実践的な活動の中で音声への注意を向けさせるフォーカス・オン・フォーム（Saito & Lyster, 2012）を取り入れるとさらに効果的だ。時間的余裕がない場合は，教科書を使った日常のプレゼンテーションやロールプレイの中でも取り入れることは十分可能で

ある。中学校や高校の研究授業を参観すると，発表活動と称して，学習者がプレゼンやロールプレイをすることが最終目標で終わってしまっているケースが時々見られる。ここでのポイントは，わかりやすい発話をするための練習として，それらの活動を位置づけることである。その際，発音に関しての訂正フィードバックとして，意味理解の妨げとなりうる場面を，適宜，教師がクラス全体で共有する機会を設けたい。たとえば，将来の職業というテーマのプレゼン中，the features of the job を誤って future と発音したとする。/fí:/ を /fjú:/ というだけで意味が変わってしまうため，それぞれの発音と意味の違いを全体で確認する。また，My dream is to be a teacher. の，dream を /dori:mu/ と発音した場合には，日本語と英語の母音と子音の音声連続の体系（英語は子音連続が可だが，日本語は子音＋母音である）が違うことを再確認し，そして発音の仕方も全体で確認する。簡潔な説明で生徒にうまく伝わらない場合は，上記 (1) と (2) のステップに戻って音声確認を行う（以上，Couper, 2006, p.59を参考に提案）。

　一方で，発言の意欲を削いでしまうため，発音指導および訂正フィードバックを躊躇する考えもある（4章を参照）。しかし，発音向上のためには必要不可欠とされている。ある実験で，発音エラーを，全く指摘しない群，あらかじめターゲットを絞って指摘する群，基本的にすべて指摘する群の3群の発音の変化を比較したところ，基本的にすべて指摘する群が最もエラー率が減ったという（Szpyra-Kozlowska, 2015参照）。英語とは全く異なる音声体系をもつ日本語母語学習者は，正しく発音しているつもりでもそうでないことも多いため，発音改善のためには，明確な訂正フィードバックが必要ということである。ただ，全て指摘すべきか絞って指摘すべきかは，学習者のレベルや第一言語にも起因するため，上級学習者のエラーは細かく指摘し，中級までの学習者にはある程度絞って改善していった方がよいと思われる。もちろん，これらの活動には教師と学習者の信頼関係が大前提であり，それを軸にして積極的に発音改善に取り組みたい。

(4) transfer（転移）の重要性
　transfer（転移）とは，教室内で学んだ知識・技術を実際の場面に持ち越して使えることを指す。文字を見て正しく発音し，実際に英語を話す場面にも，その発音で発話ができるということである。しかし，現実は，発

音指導の結果，文字を読み上げて発音するテスト等では望ましい結果が出ても，自由表現などのタスクでは transfer されていない場合が指摘されており（Saito, 2012），筆者も大学での指導で痛感している。発音指導をした後，絵を見て状況を説明するテストと，文章を音読するテストとを行うと，音読の際に発音できる音が，説明時には発音できないことが多い。授業中に文字を見てきれいに発音するのはあくまで過程であり，発話の際に文字を見ずにそれができるかが目標である。そのためには，小テストを効果的に使い，まず，文字を見ての発音技術を定着させる。加えて，絵を見てその状況を説明させるような課題を与え，実際に発話する際にも文字で見て発音できた発音が定着しているかをチェックする二段階小テストがおすすめである（Saito, 2012）。transfer が起こるためには，学習者自身の意識変革も重要で，教師と学習者が一緒に取り組む方針が不可欠である。

(5) 日本人の研究と優先順位

これまでのところ，優先して教えるべき発音項目についての普遍的な指標は確立されていないが，英語の多様性研究について著名な Jenkins（2000）が，共通語としてのコア（Lingua Franca Core）を目安として示している。たとえば，子音について言えば，意図した音が別の子音に聞こえない限りは，おおよその範囲での違いは許される（原型をとどめた音であればよい），ある子音を発音しないよりは，余計な母音を加える方がまだよい（例えば，Jenkins（2006）や Walker（2010）によれば，product を /prá:dəkt/ と発音するよりは /pradʌkutə/ の方がまだよい）などがある。母音については，heard と hard の母音の区別（/ə/ と /a/）はすべきだが，仮にできなくても，一貫性があれば許される。そして，強勢の位置は重要，などがある（Dauer, 2005に簡潔にまとめられている）。ただ，着目する範囲が広いため，網羅するのは容易ではないかもしれない。

そこで，Saito（2011）が示した日本人英語学習者用に絞った重要な音素 /æ, f, v, θ, ð, w, l, r/ を提案したい。筆者も授業でこれらに絞って教えているが，この数であれば，そこまで負荷なく取り組むことができている。教える項目にさらに優先順位をつけやすくする概念として，機能負荷量（functional load）という概念も参考になる。機能負荷量とは，ある対立が，語の弁別に果たしている度合のことであり，たとえば /p/ と /b/ の対立に

よって区別される語は /s/ と /dʒ/ の対立によるものより多いため，前者を機能負荷量が大きいとする（近藤・那須川・西原・高橋，2015）。簡潔に言うと，2つの音を間違えても大して問題にならないものは機能負荷量が低く，逆に間違うことで意味上大きな問題となるものを機能負荷量が高いという。冗談の例えでよく挙げられるが，rice（米）を lice（シラミの複数形）と発音すると，意味は全く異なる。一方，/dʒ/ と /ʒ/ を間違え，jump /dʒʌmp/ を /ʒʌmp/ と発音しても大きな問題はないため，機能負荷量は低い。わかりやすさに影響を与える要因は複数存在するが，中でも，この，高機能負荷量の音素の間違いはわかりやすさと非常に強い関係がある。そして /r/ と /l/ の比較には，機能負荷量が高いものが多い（Saito, 2014：14）。このように，間違うことで意味上大きな問題となるものを伴うものを優先的に教えるとよい。文脈上間違うことはないという議論も存在するが，そもそも /r/ と /l/ は日本人にとっては似た音でも，英語の音としては，全く異なる音声であるため，混同すると決してわかりやすくはない。

　　最後に，カタカナ英語の改善も重要である（Saito, 2014：14）。英語は子音＋母音＋子音という単位を基本とする閉音節構造であるが，日本語は子音＋母音の開音節構造であるために，日本語の開音節構造が適用されて発音される傾向がある。たとえば，kiss（/kís/）は子音＋母音＋子音であるが，/kɪsu/ と，余計な母音をつけてしまう。spring は子音3つ＋母音＋子音2つが並ぶが，すべて子音＋母音の組み合わせで発音してしまう。日本人の話す英語の特徴とも言われるこの現象は，日本人以外にはわかりにくい。逆に，改善することで，自信や発話意欲も増すだろう。

4．授業での活用

　　ここでは，発音タスクの紹介として，ポーランドの16～17歳の中級程度の学習者に，以下の10の発音練習の魅力と効果について調査したSzpyra-Kozlowska の研究に触れ，発音タスクを紹介したい。

番号	内容
1	音源音声のリピート（通常のポーズごとにリピートをする活動）
2	単語・文・フレーズ単位など，様々な単位での音声発声練習。生徒の発音が満足レベルになったと先生が判断するまで繰り返す
3	発音記号書き起こし
4	モデル音源を参考に，ダイアローグを朗読すること
5	発音ゲーム・アクティビティ
6	先生の真似・リピートをすること
7	間違いやすい音を含む対ペアで練習（ping-pink, sin-sing-sink など）
8	人気のある歌の練習
9	早口言葉や（俳句のような）詩で練習すること
10	発音の宿題

表1　発音タスク

　各タスクの魅力を被験者に5段階で評価してもらったところ，平均値が4（5が最大）を超えたのは8．歌，4．ダイアローグ朗読，9．早口言葉だったが，効果の観点からは突出して3．の発音記号，次いで8．歌，6．先生の真似，4．ダイアローグ朗読，9．早口言葉が選ばれた。必ずしも魅力的なタスクが効果的というわけではなく，発音記号のように多少大変でも確実に効果を認識するものもあるということである。このアンケートの対象は日本人英語学習者ではないが，年齢やレベルを考えても，日本人英語学習者にもあてはまる点は多々あるだろう。普段の授業では，やはり発音記号を教え，テキスト本文と絡め，適宜，歌を使ったり，早口言葉や詩を取り入れたりするのがよいだろう。

4.1　アクティビティ1　発音記号を使った指導法（中学校）

　文節単位の Segmental の指導に効果的な，発音記号という新しい特殊文字を学習者ができるだけ抵抗なく受け入れ，習得していく入口となるタスクを Szpyra-Kozlowska（2015：183-187）を参考に，基礎編と応用編を紹介する。

＜基礎編＞どっちが正しい？発音記号ゲーム
【所要時間】5〜10分
【教材・準備物】教科書
【活用場面】新出単語チェック時あるいは復習時
【目的】ゲーム感覚で発音記号の導入をする中で，生徒が発音記号になじむ。
【単元例】東京書籍 *New Horizon 2*：Unit 0 My spring vacation（発音記号が初めて登場するユニット）
【学年】2年生

【手順】（導入時）
・全体に向けて発音記号の存在を知らせる。
・黒板に，単語と，それに相当する2つの発音記号の候補を書く。 ⇐ 気づき

【板書例】
natural /nætʃərəl/ − / nætʃələl/
history /hɪstəri/ − / hɪstəli/

・教師が /nætʃərəl/ と /nætʃələl/ を発音し，違いを気づかせる
・rとlの発音を説明できるようにさせる。 ⇐ ルール説明と技術獲得

【手順】（ゲーム時）
・前年習った1年生の教科書から選んでいくつか板書する。

【板書例】
black /blæk/ − /bræk/
brother /brʌðər/ − /blʌðər/
different /dɪfələnt/ − /dɪfərənt /
early /ərli:/ − /ərri:/
February /fɛbrʊɛri/ − /fɛbrʊɛli/

・ペアやグループにわかれて，実際に声に出してみて正しい方を選ぶ。
・時間制やポイント制にして，ゲーム感覚で行う。
・発音習得は，絶対に一度や二度では身につかないため，根気強くできるだけストレスをかけずに楽しむ方向性を心がける。

＜応用編：Which words contain what ゲーム＞
【活用場面】単元の新出単語の復習
【所要時間】5〜10分
【教材・準備物】教科書
【活用場面】新出単語復習時
【目的】新出単語と発音の瞬時マッチングが促進される。
【学年】2年生

【手順】
・4人程度のグループを作る。
・教師が質問を与える。
・答えられた分だけポイントを獲得するグループ対抗（またはグループ内）。

【板書例】
　dolphin, tale, sea, large, than, swimming pool, tuna, blue whale, more, ending, most, impressive, shy, serious, injury, aquarium, rescue, save, best, condition, better, cut, without, expensive, charity, volunteer, collect, money, finally, true, bond

【質問例】
　T：Among the new vocabulary, which words contain the /r/ sound?
　S1：（挙手）serious!
　T：Yes, your group got one point!
　S2：charity（/tʃǽlɪti/ と発音)!

　T：/tʃǽlɪti/ ? ← 生徒の発音を再現し，気づきの促進
　T：/tʃǽlɪti/ ? /tʃǽrɪti/ ? ← 2つ例示して細かく気づきの促進
　S2：/tʃǽrɪti/! ← 正答の確認
　T：Yes, one point!
　T：Everyone, /tʃǽrɪti/ ← 全体で確認
　全員：/tʃǽrɪti/

他の質問例　Which words contain /θ/ sound ／ /ʃ/ sound?

4.2 アクティビティ2 Fight-Club Technique（中学校）

Fight-Club Technique（https://vimeo.com/61195605）とは，英語の発話時に動作を交えた教授法である Total Physical Response（TPR）をもとに開発された，イントネーション向上のための発音指導法である（Acton, Baker, Buri & Teaman, 2013）。単語および文単位に使用できる。テニスボール等を右手に持ち，発音しながら，強勢の置かれる箇所で，その腕を前にパンチし，次の箇所で戻す，という動作で単語を体得するのが基本である。学習者には，説明するより上記サイトを見せた方が，理解が速く，さらに，ウケもよい。

第一強勢で強パンチ　　引く　　第二強勢で中パンチ

< Vocabulary Fight-Club >

【教材・準備物】教科書
【活用場面】単語の読み方練習時，単語練習で使う際は，強勢のところで強パンチ。
【単元例】 *New Horizon*, Unit 3 Career Day
【学年】2年生
【ターゲット単語】career, forget, wash, mirror, appearance, greet, customer, smile

［例］

　　　ca　　　　-réer

　　準備　　　　強パンチ

ap	-péar	-ance
準備	強パンチ	腕を戻す

＊第一強勢をパンチするのが最優先。また，基本的にパンチが一音節→引くが一音節になるため，各単語の音節分けの練習にもなる。

< Sentence Fight-Club >

　実際の文章で使う際には，チャンクに分けて，チャンク内で強調する語（多くは名詞・動詞・形容詞・副詞などの内容語）でパンチをする。最も強く読む単語は大きな声で最大級のパンチをし，強めに読む単語は中くらいのパンチをするという2段階がわかりやすい。注意点として，アクティビティの前に必ず教師と学習者で，どの語を強く読むかを確認することが必要である。教科書の本文を見ながらCDと一緒に行うのが最も取り組みやすく，次に，本文を見ずにCDと一緒に，そしてCDなしでという風に段階を踏んで練習することができる。強調する語以外は自然に，弱く読む癖がつくため，英語のリズムが身につく。

【目的】音節と強勢の体得
【教材・準備物】教科書
【活用場面】教科書の読みの練習時
【単元例】*New Horizon*, Presentation 2
【学年】3年生

【文例】
We went to Kyoto on a school trip in June.
Kyoto is an old city with many traditional buildings.
My favorite was Kinkakuji.

例1（強パンチのみ）

We went to Kyoto　　　　on a school trip in June.

例2（強パンチと中パンチ）

|We|went to|Kyoto|on a school|trip|in June.|
|中|中|強|中|中|中|

＊元気のよい生徒を中心にクラス全体を乗せるのが肝心。
＊生徒が要領をつかんでくると，比較的早く効果が表れる。

4.3 アクティビティ3 授業・家庭学習・小テスト（高校）

　発音は授業内だけでは完全に習得することは困難であり，そのため繰り返しのサイクルが必要である。発音記号と実際の発音を習得することを目的として，授業で導入練習―家庭学習で練習―小テストで確認，というそれぞれが連動する少し難易度の高いサンプルを提示する。

＜発音英作文＞
【活用場面】key sentence の復習
【前提】生徒は発音記号の存在を知っている。
【前時間の内容】音読指導を行い，読めない単語はない状態である。
【目的】発音記号の習得
【最初の5分で行うこと】小テスト
【手順】
　・B6判程度の小さい紙を配布
　・発音記号のみの文章を書いておく
　・生徒は時間内に復元作業を行う

・答え合わせ
・全体で読みの練習

【板書例】
/jes ɔlraɪt teɪk gʊd keərəvhər / ← 一語ずつ書かずに，英語が発音される音のつながりがわかるように書く。

生徒は紙に Yes, all right. Take good care of her と復元

　強勢も一緒に習得するには，上記 Fight-Club activity を取り入れるなどして全体で練習することも可能である。このサイクルを取り入れることにより，必然的に生徒が英文を声に出して読みながら家庭学習をする習慣が形成される。また，筆記の定期テストにも同様の問題を出題すると予告するとさらに効果が上がる。可能であれば，口頭テストでも同じ形式でテストすると，より発音が習得しやすい。

口頭テスト例
　事前予告：前時当該レッスンの小テストにおいて，新出語句を含む文章が，発音記号で示されても読めるようにしてくること

口頭テスト
　T：（あらかじめ用意した一文を提示）mærɪ sʌdənli:barkt loudli
　　（Mari suddenly barked loudly.）
　S：mælɪ sʌdənli:barkt raudli
　T：mælɪ?　　　　　　　⇐ 訂正フィードバックをその場で行う。
　S：mærɪ
　T：raudli? laudli?
　S：laudli

予測される効果
　テストに出題することで，生徒は授業内・家庭での学習をする必然性が高まる。さらに，口頭テストで訂正フィードバックを直接行うことで，普段の全体指導では目の届かないレベルのきめ細かな指導が行える。

5. おわりに

　発音指導の際は，まず，わかりやすさに直結する音に絞って，意図する発音と学習者の実際の発音がどう違うのかを認識させながら，口や舌の動きを含めた発音の仕方を丁寧に教える。発音記号を導入するとさらに効果的である。そして，できるだけ機械的練習ではなく意味を伴う活動を行い，フィードバックする際は，誤った音声と，正しい音声の両方を示し，学習者が違いに気づき，その場で修正できるようにする。キーワードはtransferで，目標は１つ１つの練習が，英語を話す際に自然に身についていることである。

　発音指導をするためには，教師自身が発音に関しての知識に長け，技術的にも自信を持っていなければならないが，がんばりたいものだ。この先出会う生徒の未来が変わるかもしれないのだから。

◆ **ディスカッション・クエスチョン**
1）日本人英語学習者が特に苦手な発音は何だろうか，考えてみよう。
2）どんな発音をモデルにして，誰にわかってもらうように目標を立てればよいだろうか。
3）「わかってもらえる発音」と「わかりやすい発音」は同じか考えてみよう。
4）発音は気にしなくても通じればいいという先生も多くいる。このことについてどう思うか考えてみよう。

◆ **文献案内**
① Grant, L.（2014）. *Pronunciation myths: Applying second language research to classroom teaching*. The U.S: The University of Michigan Press.
　本書は，発音に関する７つのmyths（神話）それぞれについて，発音研究の複数の専門家が，理論的かつ実践的に解説したものである。発音改善に取り組むのは手遅れ？など，とっつきやすい質問から，過去の研究を網羅し，実際にはどういう方針で実践に生かすべきかを，適宜具体例も取り入れながら示している。発音指導に詳しくなくとも，比較的読みやすい英

語で書かれているため，導入本として優れている。基本的には，日本人以外での研究をもとにしているため，日本人学習者への応用を自分でアレンジする必要はある。

② 靜哲人（2009）『英語授業の心・技・体』東京：研究社
　本書は，音声指導を含む英語の授業について，著者の経験に基づく効果的な指導法・指導方針を丁寧に示した実践的教本である。本書を読むと，授業や各アクティビティのイメージがつかみやすく，即実践に取り入れることができる，非常に teacher-friendly な本である。紹介しているアクティビティの量も多く，かつ細かく説明されているため，ピンポイントで，その時に必要なアクティビティも使えるようになっている。筆者も授業で試してみたが，即戦力となる指導法が多く，1年以上経ってから学生に「このあいだ f の発音を褒められました」と実際に transfer が持続していた例を学生から報告を受けたこともある。

③ 根間弘海（1996）『英語の発音とリズム――理論と演習の英語音声学』
　東京：開拓社
　実践的発音指導法の参考書として②を紹介したが，専門書としては本書を紹介する。本書は，英語の子音・母音をはじめとして，音の結合・強勢など発音・リスニングにおける幅広い範囲をカバーし，細かく説明している。即戦力としての書籍が②であれば，本書は，普段から疑問だった点，今1つ自信を持てない点，理論的説明がほしい点などを解決してくれる。たとえば，英語の文章で，語と語が連結しているのは英語上級者であれば既知の現象であるが，どのような時になぜ連結が起こるのかを，例文とともに説明しているため，理論的にも感覚的にも理解しやすい。専門書といっても難解な専門用語が並ぶ本ではなく，比較的わかりやすく説明されている1冊である。

第9章
語彙指導

キーワード
語彙, ボキャブラリー, 単語, 記憶

アブストラクト
本章ではまず, 語彙を覚えるとはどういうことか, どのような単語を覚えるべきか等, 語彙習得に関する基本的な問題について検討する。その後, 研究をもとに効果的な語彙指導の原則について論じ, 原則に基づいた実践例を紹介する。

1. はじめに

英語学習者にとって, 語彙習得は大きな課題の1つです。みなさんの中にも, 単語がなかなか覚えられず, 苦労された経験がある方がいらっしゃるかもしれません。また, 英語教師として教壇に立った方であれば,「どのようにすれば英単語を効果的に覚えられますか?」と学習者から質問されたことがあるのではないでしょうか。"Without grammar very little can be conveyed, without vocabulary nothing can be conveyed"(Wilkins, 1972, p.111)という言葉に示されている通り, 語彙は外国語学習者にとって最も重要な知識の1つであると考えられます。語彙習得を促進するために, 英語教師には何ができるのでしょうか?

語彙の専門家である Nation は, 語彙習得に関して, 教師がやるべきことは4つあると指摘しています (Nation, 2008)。それらは重要な順に, (A) プランニング, (B) 語彙学習方略の指導, (C) 語彙力の測定, (D) 語彙教授の4点です。1つ目のプランニングとは, カリキュラム全体を通して適切な語彙が導入され, それらが様々な活動でバランスよく使用されるよう, 計画することです。第2に, (B) の効果的な語彙学習方略 (ストラテジー) を指導する必要があります。これには, 辞書や単語カード等の効果的な使用法を学習者に身につけさせることが含まれます。第3に, 学習者

がどのような語彙を知っており，カリキュラムを通して語彙力が増えているかを，教師はテストする必要があります。最後に，新出単語の意味や用法を説明する等，実際に語彙を教えること（語彙教授）も教師の仕事です。

ここで注目すべきは，語彙教授よりも，プランニング，語彙学習方略の指導，語彙力の測定の方が重要であると Nation（2008）が指摘していることです。限られた授業時間で必要な語彙を全て教授するのは非現実的であるため，実は語彙指導は一斉授業には適していません。したがって，教室内での語彙教授の重要性は相対的に低く，教師はプランニングや学習方略指導等に力を注ぐべきなのです。Nation の指摘を踏まえ，本章ではプランニング・方略指導・語彙力測定も視野に入れた上で，語彙習得を促進するための方法について考えてみたいと思います。

2．理論

2．1　語彙を覚えるとはどういうことか

効果的な語彙指導を考える前に，語彙を覚えるとはどういうことかを考えてみよう。語彙知識には様々な側面があるが，サイズ（size）と深さ（depth）の2つに分けて考えることが一般的である。サイズとは，広さ（breadth）とも呼ばれ，知っている単語の数である。深さとは，個々の単語についてどのような知識を持っているかを指す。

語彙知識の深さとは，具体的に何を指すのだろうか？　語彙知識の構成要素に関して最も広く知られているのは，Nation（2013）の提唱する枠組みである。Nation は，語彙知識には少なくとも

発音，スペリング，接辞や語根（word parts），語形と意味の結びつき，概念と指示物，連想，文法的機能，コロケーション，使用に関する制約

の9つの側面があると指摘している。また，9つそれぞれに関して，受容知識と産出知識がある。受容知識とは，リスニング・リーディングの際に使用する知識であり，産出知識とは，ライティング・スピーキングの際に使用する知識である。たとえば，ある単語の発音を聞いて，その単語を認識するのが発音の受容知識であり，自分で発音できるのが産出知識である。

語彙習得は時間がかかるプロセスであるため，一度に9つの側面の受

容・産出知識を習得することは，現実的ではない。9つの側面の中では，語形と意味の結びつきに関する知識が最も重要だと考えられている。語形と意味の結びつきとは，たとえば，apple という英単語を見て「りんご」という意味であるとわかったり，「りんご」という意味から apple という英単語が頭に浮かぶことである。したがって，まずは語形と意味が結びつけられるように指導し，その他の側面はその単語に繰り返し出会っていくうちに徐々に習得させるのが現実的であろう。

2.2　どのような単語を覚えるべきか

次に，どのような単語を覚えるべきかについて考えてみよう。単語の有用性の最も一般的な基準は，その単語の出現頻度である。出現頻度を調べる際には，British National Corpus（以下，BNC）などのコーパス（corpus）を使用することが一般的である。コーパスとは，ある目的のために体系的に収集された電子テキストのことである。たとえば，動詞 take は BNC に約17万回出現しているが，extract は約3,000回しか出現していない。この場合，より出現頻度が高い take の方が，より有用であると考えられる。英語においては，最も頻度が高い2,000ワードファミリーを高頻度語（high-frequency words）と分類するのが一般的である。ワードファミリーとは，ある英単語の屈折形（名詞の複数形や動詞の過去形等）と派生語を含めて，1語と数える方式のことである。たとえば，walk のワードファミリーには，walked, walking, walks, walker, walkers, walkable が含まれる。

単語の出現頻度に関して重要なことは，ごく少数の単語があらゆるテキストの大部分を占め，それ以外の大多数の単語は，ほとんどまれにしか出現しないということである。たとえば，英語においては，最も頻度が高い2,000ワードファミリーは BNC 全体の86.0％を占めるが，それ以外の18,000ワードファミリーは12.8％のみにしかならない（Nation, 2013）。例えるなら，英語には働き者の単語2,000と，怠け者の単語その他大勢があるということである。働き者の単語2,000は一見簡単に見えるが，多義語であったり，機能語であったりと，実際に使いこなすのは難しいことが多い。一方で，怠け者の単語は，レジスターや話題に特化した具体的なものが多く，頻度は低いが，覚えやすいものも多い。授業で語彙指導を行う際には，高頻度語を最優先し，怠け者の単語に貴重な授業時間を費やさない

ように注意すべきであろう。これは Nation（2008）の言う (A) プランニングの一例である。また，語彙知識を (C) 測定（テスト）する際にも，高頻度語を優先して出題するようにしたい。単語の頻度レベルは，Compleat Lexical Tutor（www.lextutor.ca/vp/）等の web サイトで確認することができる。

　高頻度語2,000を習得した後は，Academic Word List に含まれる語を学習することが推奨されている。Academic Word List は大学レベルの教科書や論文など，学術分野で頻度が高い570のワードファミリー（例．analysis, economic, distribution, environment）が収録された語彙リストであり，web サイト "The Academic Word List" で公開されている。

2.3　語彙の意図的学習と偶発的学習

　語彙学習活動は，意図的学習（intentional learning）と偶発的学習（incidental learning）とに大別される。意図的学習とは，語彙習得を主目的とする活動の中で，語彙を学習することである。たとえば，単語帳や単語カードを用いた学習は，意図的学習に分類される。一方で，偶発的学習とは，語彙習得が主目的ではない活動の中で，付随的に語彙が習得されることを指す。たとえば，洋画を見ている際に，出てきた単語の意味を文脈から自然に習得したとする。語彙学習をするために洋画を見ているわけではないため，このような学習は偶発的学習に分類される。

　意図的学習と偶発的学習は，どちらも一長一短であると指摘されている。意図的学習の利点は，短時間で多くの語彙を学習することができるということである。しかしながら，語形や意味以外の側面は学習が困難であるという欠点もある。偶発的学習の利点は，コロケーション・文法的機能・使用上の制約等，語彙知識の様々な側面が習得できることである。一方で，偶発的学習は時間がかかり，意図的学習ほどは効率が良くないという欠点がある。

　このように，意図的学習と偶発的学習はどちらも一長一短があるため，両者をバランスよく組み合わせ，相補的に用いることが重要である。しかし，高頻度語2,000を習得していない学習者は，文脈から偶発的に学習するための語彙が十分でないため，意図的学習を用いることが推奨されている。中学校低学年の段階では意図的学習を重視し，学年が上がるにつれ徐々に偶発的学習を導入する（(A) プランニング）ことが現実的であろう。

3. 研究——効果的な語彙指導の原則

1980年代以降，数多く行われている語彙指導研究から，効果的な語彙指導に関して，以下のようなガイドラインを導き出すことができよう。

3.1　単語の意味はどのように与えるべきか

未知語の意味は日本語と英語，どちらで与えるべきであろうか？　研究では，母語（L1）を用いて意味を与えた方が，学習対象語（L2）で与えた場合よりも定着率が高いことが示されている。しかしながら，和訳と英単語の意味は必ずしも一致しないため，和訳では正確な意味範疇を伝えることはできないことも認識すべきである。たとえば，「gather＝集める」と覚えていると，I like *gathering stamps.（正しくは collecting）のような，負の転移（negative transfer）による誤用につながる可能性がある。

また，多義語に関しては，コア・ミーニング（core meaning；単語の中心的な意味）を与えることで，習得が促進される可能性が示されている。たとえば，stress には「(1) 圧力 (2) 緊張，ストレス (3) 強調 (4) ～を強調する」等の意味があるが，「力がかかる」というコア・ミーニングを提示することで，多義の習得が容易になると考えられる。具体名詞に関しては，写真やイラスト等の視覚情報が記憶保持を促進することも示されている。

3.2　語彙の創造的使用

語彙の創造的使用（creative use）とは，すでに学習した単語に以前とは異なる文脈で遭遇したり（input），以前とは異なる文脈でその語を使用する（output）ことである（Nation, 2013）。創造的使用により，その単語に関するより正確な知識を身につけることが可能になる。たとえば，ある学習者が He broke the cup という文脈で，break という語に初めて出会ったとする。この学習者は，break は具体名詞のみを目的語にとる動詞であると考えるかもしれない。このような学習者が，break the record / promise, have a break 等の用例に接することで，break は抽象名詞も目的語にとることができ，また名詞としても使用できるという知識を得ることができる。既知語を提示する際には，以前とは異なる意味・コロケーション・活用形・品詞・構文を用いることで，創造的使用を促進するように心がけたい。

3.3 キーワード法

語彙習得に効果的な方法の1つに，キーワード法（keyword method）がある。キーワード法は，以下の2つのステップで行う。第1に，学習したい英単語に似た日本語のフレーズ（これをキーワードと呼ぶ）を考える。その後，学習したい英単語とキーワードを結びつけるイメージや文章を考える。たとえば，discipline という英単語を覚える際には，discipline に似た発音の「弟子プリン」がキーワードとなる。その後，「弟子，プリンを食べないようにしつける」（中田 & 水本，2015）等，discipline と「弟子プリン」を結びつける文章やイメージを考える。

キーワード法の利点は，仮に discipline の意味を忘れてしまったとしても，「弟子プリン」というキーワードを覚えていれば，キーワードをきっかけに意味を思い出せる可能性があるということである。ただし，英単語によってはキーワードを思いつくのが難しい場合もあるだろう。そのような単語に関しては，接辞・語根，例文，フレーズ，カタカナ英語等，意味を思い出す何らかのきっかけを提示するようにしたい（以下の表を参照）。

	具体例
接辞・語根	import は im「中に」+ port「運ぶ」ので「輸入する」
借用語	テニスのフォルト（fault）はサーブミスのことなので，「fault＝誤り，欠点」
例文	"Boys be ambitious!" から「ambitious＝野心を持った」
フレーズ	Prime Minister は総理大臣だから「minister＝大臣」

表1　単語の意味を思い出すきっかけ

（具体例はいずれも中田 & 水本，2015より）

3.4　テストが記憶を強化する

　単語をただ眺めるのではなく，単語に関する記憶を能動的に想起することで記憶が強化されることが研究により示されている（Karpicke & Roediger, 2008）。たとえば，「exhaust＝『使い果たす』です」と教えてもらうよりも，「exhaustの意味は何ですか？」とテストされた方が，より長期的な保持につながるということである。これは，テスト効果（testing effect）と呼ばれる現象である。語彙指導においてはこのテスト効果を積極的に活用したい。

　テストといっても，必ずしも筆記テストをする必要はない。たとえば，授業中に単語の意味を学習者に尋ね，発言させることもテストの一種である。また，単語カードを使用して英単語から和訳，あるいは和訳から英単語を思い出す自己テスト（self-testing）からも，テスト効果が期待できる。

3.5　語彙の最適な復習間隔とは

　新出語を覚えたとしても，時間とともにその記憶は減衰し，やがて忘却されてしまう。記憶を定着させるためには，定期的な復習が欠かせない。それでは，どのような復習スケジュールが最も効果的なのだろうか？　記憶に関する研究から，最適な復習のタイミングは保持期間（retention interval：学習と事後テストの間隔）に影響されることが示されている。具体的には，保持期間の10％～30％程度の間隔で復習を繰り返すことが，最も高い保持率に結びつくという説がある。たとえば，ある単語を1カ月後に覚えていたいのであれば，3～9日間の間隔（30日×10％～30％）で復習を繰り返すのが最も良く，12カ月後に覚えていたいのであれば，1.2～3.6カ月の間隔（12カ月×10％～30％）で復習を繰り返すのがよいということである。

　また，復習間隔については，1日後→1週間後→2週間後→4週間後等，復習の間隔を少しずつ大きくしていく拡張型スケジュール（expanded rehearsal または expanding spacing）が効果的であると主張されることがある。しかしながら，近年の研究では拡張型スケジュールの有効性は必ずしも実証されていない（Nakata, 2015）。

3.6　干渉を避ける

　新出語を提示する際に，同義語・類義語・反意語等，意味的に関連した単語を同時に提示することは一般的であろう。しかしながら，意味的に関連した単語を同時に提示すると，それぞれが干渉を起こしてしまうため，語彙習得が阻害される可能性が示されている。したがって，同義語や反意語等，意味的に関連した未知語を同時に提示することは避けるべきであろう。曜日・動物の名前・色の名前等，同じカテゴリーに属する単語を同時に提示することも同じく避けるべきである。ただし，提示される語の大半が既知語である場合は，その限りではない。意味的に関連した既知語をまとめて提示し，それらの類似性・関連性を整理することは，学習者の頭の中に豊かな英単語のネットワークを形成することにつながるため，有益であると考えられる。

4. 授業での活用

　今まで紹介した研究をもとに，教室での具体的な語彙指導法について考えてみよう。ここでは，以下の3つの活動を紹介する。

4.1　アクティビティ1　フラッシュカードを用いた単語の練習（中学校）

【所要時間】約5分～10分

【教材・準備物】片面に英単語，もう片面に和訳を書いたフラッシュカード。和訳の代わりに，単語の意味を表すイラストや写真を用いることもできる。

【活用場面】基本的な英単語のスペリングと発音が結びついていない，中学校1年生の導入的な授業で活用できる。また，中学校2年生以上でも，新出語彙の復習等の用途で，毎回の授業に組み込むことができる。

【概要】フラッシュカードを用いて，単語を1つずつ提示し，学習者に発音させることで，スペリングの受容知識および発音の産出知識の習得を目指す。また，英単語を提示しその和訳を答える，和訳を提示しそれに対応する英単語を答えるという活動を行うことで，語形と意味の結びつきを強化することもできる。

　パソコンが利用できる環境であれば，パワーポイント等を使用してフ

ラッシュカードを作成してもよい。パソコンを使用すれば，文字や画像に加えて音声を提示する，一定時間が経つと自動的に次の単語を提示する，単語の先頭から1文字ずつ表示し学習者に単語を類推させる，単語を提示する際にアニメーションを設定するといったことが可能になる。

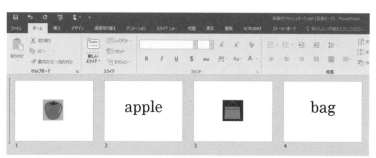

図1　パワーポイントにより作成されたフラッシュカードの例

【留意点】フラッシュカードを用いる際には，以下の点に留意するとよい。

第1に，フラッシュカードに英単語の意味を書く際には，英語ではなく日本語で書くこと。これは，母語を用いて意味を与えた方が，学習対象語で与えた場合よりも定着率が高いことが示されているからである。

第2に，単語をただ提示するだけでなく，英単語を見て発音する，英単語から和訳を思い出す等，何らかのテストの要素を持たせること。これは，記憶をテストすること自体に学習効果があるというテスト効果（Karpicke & Roediger, 2008）に基づく。

第3に，フラッシュカードを毎回シャッフルし，順番を変えること。毎回同じ順番で単語を学習していると，単語の提示順序が記憶の再生を支援してしまうことがある。これは，リスト効果（list effect）と呼ばれる現象である。並び順という手がかりがなくても思い出せるようにするために，リスト効果は避けるべきである。

第4に，単語の発音や意味を瞬間的に思い出せるようにトレーニングをすること。コミュニケーションで単語を使うためには，ゆっくり考えてやっと思い出せるというだけでは不十分である。思い出すまでの時間に制限時間をつけることで，語彙知識の流暢性（fluency）を伸ばすことができる。

第5に，和訳や英単語を思い出す活動をする際には，受容学習（receptive learning）と産出学習（productive learning）の両方を行うこと。受容学習とは英単語から意味を思い出すことであり，産出学習とは意味から英単語を思い出すことを指す。これまでの研究から，受容学習は受容知識の習得に効果的であり，産出学習は産出知識の習得に効果的であることが示されている。したがって，受容知識と産出知識をバランスよく習得するには，受容学習・産出学習を両方行うことが望ましい。

　最後に，同義語・類義語・反意語等，意味的に関連した単語を同時に提示すると，干渉を起こし語彙習得が阻害される可能性があるため，意味的に関連した未知語をセットにして一度に学習することは避けること。

【工夫】単語の一部を虫食い状態にして提示するフラッシュカードを作成してもよい。たとえば，"interesting" の代わりに "int_rest_ng"，"conversation" の代わりに "c_nve_sati_n" というカードを作り，元の単語を類推することができるかどうか，学習者に考えさせる。このような変則的なフラッシュカードを盛り込むことで，パターン認識力を高めると同時に，学習者の興味を持続させることができる。また，制限時間内でいくつの英単語・和訳を思い出せるかどうかを，グループ間で競わせてもよい。さらに，教室外でも学習者が自主的な学習の一部として取り入れられるように，効果的なフラッシュカード学習のための方略指導をすることが望ましい。パソコンやスマートフォン等で利用可能なフラッシュカード・プログラムを利用することもできる。

4.2　アクティビティ2　穴埋め問題（中学校）

【所要時間】約10分〜20分
【教材・準備物】復習したい語彙が空所に置き換えられた穴埋め問題
【活用場面】リーディング・テキストで出てきた新出語彙の復習等，既習語を定着させたい時
【概要】穴埋め問題は語彙の復習等で広く用いられていると同時に，語彙習得に効果的な活動である。ここでは，穴埋め問題をより効果的にするための方法について考えてみよう。たとえば，break, such, proud という語を復習したいとする。これらの語を学習対象語とする穴埋め問題としては，以下のような例が考えられる。

1. Be careful not to (　) the camera!	カメラを壊さないように気をつけてね！
2. I have never seen (　) a beautiful photo.	私はそんなにきれいな写真は見たことがありません。
3. I'm so (　) of you for winning the contest.	君が優勝して，僕は本当に誇りに思うよ。

正解：1) break, 2) such, 3) proud

　穴埋め問題は，単語に関する記憶を想起することが求められるという点で，テストの一種である。したがって，穴埋め問題はテスト効果を生かした効果的な語彙学習活動であると言えよう。

　次に，穴埋め問題の効果をさらに高める方法について考えてみよう。1つの方法として，1つの学習対象語に対して複数の設問を用意することが考えられる。具体例としては，以下のようなものが考えられる。

1. Be careful not to (　) the camera!	カメラを壊さないように気をつけてね！
2. I have never seen (　) a beautiful photo.	私はそんなにきれいな写真は見たことがありません。
3. The boy was sad because his father (　) the promise.	父親が約束をやぶったので，その少年は悲しかった。
4. I'm so (　) of you for winning the contest.	君が優勝して，僕は本当に誇りに思うよ。
5. Summer (　) is starting soon! I'm very excited!	夏休みがもうすぐ始まる。とても楽しみだ！

正解：1) break, 2) such, 3) broke, 4) proud, 5) break

　1つの学習対象語に対して複数の設問を用意する際のポイントは，同じ語に関する設問が連続しないようにすることである。たとえば，上の具体例ではbreakに関する問題が設問1・3・5と分散している。これは，同じ単語の学習間隔を空ける方が長期記憶を促進するという分散学習効果（distributed practice effect；Nakata & Webb, 2016a）に基づくものである。

　さらに，1つの学習対象語に対して複数の設問を用意する際は，同じ単

語を異なる意味・コロケーション・活用形・品詞・構文等で用いることで，創造的使用を促進するように心がけたい。たとえば，設問1ではbreakが具体名詞cameraを目的語にとっているのに対し，設問3では抽象名詞promiseを目的語にとり，比喩的な意味で使用されている。さらに，設問1では動詞の原形，設問3では動詞の過去形，設問5では名詞としてbreakが使用されている。このように，ある単語を新しい文脈で使用して創造的使用を促進することで，既知語に関するより正確な知識を身につけることが可能になる。時間等の制約から1つの語に対して複数の問題を用意するのが困難な場合は，教科書とは異なる用法を穴埋め問題で提示するとよい。たとえば，教科書ではbreakが動詞として使用されているのであれば，穴埋め問題では名詞的用法を用いることで，創造的使用を促進することができる。

【工夫】穴埋め問題が学習者にとって難しすぎる場合には，初めの1語を与える（例. b＿＿＿＿＿），文字数を与える（例. ＿＿＿＿＿），語群を与えてその中から答えを選ばせる等の工夫を行うことで，難易度を調整することができる。

　穴埋め問題は個人で行うだけでなく，以下のような手順でペア活動として行うことも可能である。(1) 穴埋め問題を配布し，個人で解答させる。(2) 学習者を2つのグループに分ける。グループAには奇数問題の正答を，グループBには偶数問題の正答を配布し，各自で答え合わせをさせる。(3) 別グループの学習者を探し，ペアになる。(4) 自分が模範解答を持っていない問題の文章を口頭で読み上げる練習をする。読み上げられた答えが間違っていたら，パートナーが口頭で正しい答えを伝える。この手順を繰り返す。

　すべての問題を一通り練習した後は，学習対象語以外も空所にした，より難易度の高い穴埋め問題（例. Be c＿＿＿ not to b＿＿＿ the c＿＿＿!）を配布し，再度ペア活動を行ってもよい。また，穴埋め問題の和訳部分のみを見て，和訳から英文を再生するペア練習を行うことで，スピーキング練習に発展させることもできる。

　穴埋め問題は効果的な活動であるが，作問に手間がかかるという欠点もある。穴埋め問題の作成を支援するwebサイトとして，Multi-Concordance（http：//www.lextutor.ca/conc/multi/）が挙げられる。この

webサイトに英単語を入力すると，その英単語を正答とする穴埋め問題を自動的に作成することができる。生成された問題が学習者にとって難しすぎる可能性もあるため，最終的には教師が確認・編集することが欠かせないが，作問の手間をある程度削減することが可能になる。なお，Multi-Concordanceで穴埋め問題を生成する際には，"Choose corpus"というオプションから"1k Graded Corpus"を選択しよう。このオプションを選択することで，1000語レベルの高頻度語のみが含まれた穴埋め問題を作成することができる。

```
[001] nd too rough to take   prints. Same goes for the rough     ____ of the ledge. Besides, I doubt if the   cops will even
[002] n-clothesmen I knew, and two other men stood on a gray     ____ area next to  the pool on my left. At the pool's far
[003] stable, it is easily bonded to   the wood with contact     ____. Available in =xf sheets, it costs about a dollar a
[004] d panel board, high density particle board,   asbestos-    ____ board, or any other product locally obtainable upon
[005] er, lime, hardboard, gypsum wallboard   and sheathing,     ____, insulation sheathing, floor tile, acoustical tile,
[006] the waves were not so high   as in 1946. They hurled a     ____ barge against a freighter in Honolulu Harbor,   knocke
[007] ey want, and they supply the    labor. We send shovels,    ____ nails, and corrugated iron for roofs. That way   they
[008] sequence, and the cut edge is joined physically, by        ____, to the cut edge of the beginning of the next sequence
[009] hat monstrosity on Thirty-fourth   Street", the modern     ____-and-glass chancery of the Belgians. Here is the world
[010] Korean War all served to overcome old   grievances and     ____ reunion. And there is no section of the nation more ar
[011] gate to look over, the sidewalk under our eyes was not     ____ but   two rows of paving stones with grass between and
[012] m of other peoples is the   intellectual and spiritual     ____ which has allied us with more than forty other   natio
```

図3　Multi-Concordanceのwebサイトによって自動作成された穴埋め問題の例。空所には"cement"が入る。

4.3 アクティビティ3 リーディング授業での語彙指導（高校）

【所要時間】約20分
【教材・準備物】精読用のリーディング・テキスト
【活用場面】リーディング授業
【概要】高校のリーディング授業では，多くの新出語が出てくる。リーディング・テキストに出てくる新出語はどのように提示・指導すればよいのだろうか？　ここでは，以下のテキストをもとに，効果的な新出語の扱いについて考えてみよう。

　The Earth is often called "The Water Planet" because over 70 percent of its surface is covered with water. Almost all of the water, however, is seawater and only 0.01 percent of it is good for drinking. About 900,000,000 people, one eights of the world population, cannot drink safe water.

　The World Wide Fund for Nature (WWF) says _____
_____
_____
_____

by improving water supply systems and solving climate problems.
(*Genius English Communication I* より)

　上のテキストでは，surface, management, pipe, climate, glacier 等の語が新出語である。これらの新出語の意味を提示する方法として，(1) 語注や解説等で教師が意味を与える，(2) 文脈から推測させる，(3) 辞書で調べさせるという3つの方法が考えられる。(2)・(3) の方法には時間がかかるため，効率を重視するのであれば，(1) の方法が好ましいと考えられる（なお，単語の意味を学習者に与えるよりも，文脈から推測させた方が記憶に残りやすいと主張されることがあるが，研究では必ずしもそのような結果は得られていない）。教科書に語注が付いていない場合は，教師が自作する必要があるが，「Gapsse」等のフリーウェアや，「英文テキスト・発音記号変換」等の web サイトを用いることで，和訳や発音記号を含む語注を自動的に作成することができる。

　もちろん，辞書使用や文脈からの意味推測は，重要な学習方略である（Nation, 2013）。したがって，これらの方略を教えるのが目的であれば，(2)・(3) の方法を使うこともできる。また，高頻度語や内容理解に重要な単語の意味は学習者に調べさせ，その他の単語の意味は教師が与えるという折衷案も考えられる。web サイト "Compleat Lexical Tutor" によると，management は1000語レベル，surface は2000語レベルの高頻度語であるのに対して，glacier は12000語レベルの低頻度語である。したがって，glacier の意味は語注等で与え，management, surface の意味は文脈から推測させたり，辞書で調べさせるのもよいであろう。視覚情報が記憶を促進することが示されているため，具体名詞の意味を提示する際には，写真やイラストを合わせて提示することも考えられる。写真やイラストを検索する際には，「Google 画像検索」が有益である。たとえば，Google 画像検索で glacier を検索することで，glacier が具体的に何を指すのか，学習者は視覚的に把握することができる。

　これまでの研究から，借用語（loanwords）等の同族語（cognates）は，非同族語に比べ習得が容易であることが示されている（Rogers, Webb, & Nakata, 2015）。日本語には英語起源の借用語（カタカナ語）が数多くあるため，これらのカタカナ語を積極的に活用したい。上のテキストでは，

pipeが「パイプ」，percentが「パーセント」，cover(ed)が「カバー」と関連があることを指摘すればよいであろう。その他，managementはマネージャー(manager)，warmingはウォーミング・アップ（warming up）等，身近なカタカナ語と関連していることを指摘すれば，語彙習得を促進することが可能になる。もちろん，日本語の「マンション」と英語のmansionのように，カタカナ語の意味が本来の英単語の意味とずれている場合もある（false friends）。その際には，意味の違いについて説明することが必要である。

本章2.1で述べた通り，語彙知識には接辞や語根，文法的機能，コロケーションに関する知識も含まれる。接辞や語根に関する知識は語彙習得を促進するため，有益な接辞や語根が含まれる単語が登場した際には，その都度指摘することが望ましい。上のテキストでは，managementには-ment, shortageには-ageという接尾辞が含まれていることを指摘するとよいであろう。また，supply, increaseはともに名詞・動詞として用いることができる等，文法的機能に関して触れることも重要である。

コロケーションに関する知識は正確で流暢な言語使用を促進するため，新出語を指導する際にはその語を含むコロケーションをいくつか提示することも望ましい。ある単語がどのようなコロケーションで用いられるかを検索する際には，"Just the Word"等のwebサイトが有用である。たとえば，Just the Wordでmanagementを検索すると，risk / waste / poor management, top / senior / middle management, management plan / system / team等のコロケーションが一般的であることがわかる。これらのコロケーションを紹介することで，語彙の創造的使用を促進し，その単語に関するより正確な知識を身につけることが可能になる。

読解テキストに登場した新出語のうち，特に重要な単語（例．高頻度語であり，有益な接辞・語根を含む単語）に関しては，穴埋め，英作文，マッチング，クロスワード等のエクササイズを用いて練習するのが望ましい。効果的なエクササイズの具体例は，Nakata & Webb（2016b）等に紹介されている。

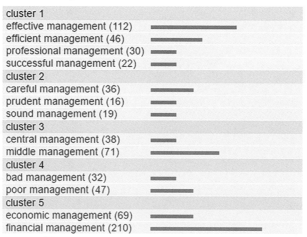

図3　webサイト "Just the Word" における management の検索例

5. おわりに

　本章では，語彙を覚えるとはどういうことか，どのような単語を覚えるべきか等，語彙習得に関する基本的な問題について検討した上で，効果的な語彙指導の原則について論じた。さらに，原則に基づいた実践例として，3つの活動を紹介した。"The real intrinsic difficulty of learning a foreign language lies in that of having to master its vocabulary"（Sweet, 1899, p.66）という言葉に示されている通り，語彙習得は外国語習得において最も困難な側面の1つであると考えられる。習得すべき語彙数に際限がなく，さらに語彙知識に数多くの側面が含まれることを考えると，あらゆる語彙のあらゆる知識を効果的に習得できるような万能薬はない。語彙指導を成功させるカギは，特定の方法論に偏ることなく，様々な指導法をバランスよく組み合わせることであると言えよう。

◆ ディスカッション・クエスチョン
1) 日本では市販の英単語集が広く使用されている。市販の英単語集を用いた学習の利点と欠点は何だろうか。また，英単語集の学習効果を高めるためには，どのような工夫が必要か考えてみよう。
2) 語彙知識は，サイズと深さの2つに分けて考えることが一般的である。他にも語彙知識の側面として考えられるものはあるだろうか。
3) mention, struggle, candy, notebook のうち，高頻度語はどれだろうか。web サイト "Compleat Lexical Tutor" を使って調べてみよう。
4) develop という単語のワードファミリーには何が含まれるだろうか。できるだけ多く書き出してみよう。

◆ 文献案内
① 望月正道，相澤一美，投野由紀夫（2003）『英語語彙の指導マニュアル』東京：大修館書店
　第二言語語彙習得研究に関する入門書。主な読者として現場の教師を想定しているため，非常にわかりやすく解説されている。語彙指導に役立つwebサイトやソフトウェアも紹介されている。

② 門田修平（2003）『英語のメンタルレキシコン：語彙の獲得・処理・学習』東京：松柏社
　語彙がどのように学習され，その知識がどのようにアクセスされるかについて心理言語学的な観点から論じた書籍。①の書籍と比較すると，より理論的な側面に関心がある読者に向いている。

③ Nation, I. S. P. (2013). *Learning vocabulary in another language* (2nd ed.). Cambridge, UK：Cambridge University Press.
　第二言語語彙習得に関する最も包括的な専門書。語彙習得に関する数多くの先行研究・理論が紹介されている。さらに，語彙習得を促進するためのアクティビティも幅広く紹介されているため，研究者だけでなく，教師にとっても有益である。

第10章
語用論指導

キーワード
　語用論，言語表現，文化，コンテクスト，タスク，アウトプット，インプット

アブストラクト
　語用論とは，話者を取り巻く環境下で言葉がどのような意味をなすのかを考えていく学問分野である。言葉と意味は必ずしも一対一の対応だけではなく，コミュニケーションの場面によっては複数の意味を持つことさえある。

1. はじめに

　みなさんは Would you give me a hand? という英語表現を聞いたことがありますか。ある学生が留学中にその依頼文を聞いて，すぐさま自分の手を差し出して笑いを誘った話を聞いたことがあります。この例ではまさに言葉とその意味が一対一になっておらず，状況下で必要とされる手助けの意味で hand が使用され，手そのものを示唆していません。そして，状況を思いやった話者の知識が反映された場合には複数の意味で解釈することができます。たとえば，次の2つの会話を比較してみましょう。

会話1
母：何しているの？
息子：今，本を読んでいるの。

会話2
母：掃除手伝ってくれない？
息子：今，本を読んでいるの。

会話1では息子の意図はまさに文字通り「今，本を読んでいるの」ということでしょう。しかし，会話2では，母への返事が意味していることはそれだけにとどまらず，言外に，母の頼みごとに対する拒否，つまり「掃除の手伝いができない」とか「したくない」といったことも意味しています。さらに母の気持ちを思いやり，直接的ではなく間接的に拒否の意思表示をしています。このような「拒否」という意味合いは，どう考えても会話1での母への返事の場合にはありません。つまり，「今，本を読んでいるの」という表現が使われていても，その意味は，状況やコンテクストによって変化するということです。公式で表すと，次のようになります。

(言葉の意味＋状況やコンテクストの意味)＋話者の思い＝語用論的意味

小学校・中学校・高等学校の外国語教育において目標として掲げられるものに「コミュニケーション能力（communicative competence）の育成があります。このコミュニケーション能力において会話1や会話2での語用論的意味を理解するための語用論的能力（pragmatic competence）は構成要素の一部であり，コミュニケーションを円滑にさせるために必要不可欠な能力と考えられています。そして，語用論的能力を高めるためには，意図を伝えるために適切な言語表現を使うことと関係する言語表現側面（pragmalinguistics）の駆使能力と，社会的文化的に適切に対処することと関係する文化およびコンテクスト側面（sociopragmatics）の認識能力を同時に高める必要があり，指導において言語表現の側面と文化およびコンテクストの側面を関連づける工夫が必要となります。そして，単にその両側面を学習者に触れさせるだけでなく，両側面に関する情報を学習者の認知を通じて奥深く処理させる方法が肝要となります。その方法を指導に関する理論的な背景や過去の研究例に鑑み，実際の適用例へと発展させ，語用論的能力を身につけさせるための具体的指導方法を本章を通じて考察することとします。

2. 理論

語用論的能力を向上させるための指導が効果的であることは，Taguchi (2015) による先行研究分析を通じて報告されている。問題は具体的にど

のような指導方法がより効果的なのかということである。Taguchi（2015）の先行研究分析では，語用論的能力を身につけさせるためには次の2つの方法が「特定の場面にふさわしい適切な表現を使用するという語用論的ルールの抽出と形成に有効である」と述べている。

> (1) メタ語用論的情報（metapragmatic information）とアウトプット誘導型（output-prompting）タスク
> (2) ルール抽出を促すインプット供給型（input-providing）タスク

　Taguchi（2015）が先行研究分析により見出した2つの指導法には共通点があり，目標表現を含むインプットに頻繁に接し，理解し，意味に重きを置くタスク活動に従事することで，目標表現形式と意味を関連づけ目標表現に関するルール抽出という高次の段階へと達することである。この考え方は，用法基盤モデル（usage-based model）（N. Ellis & Wulff, 2015）に基づくもので，目標言語インプットの重要性を次のように説いている。

> (1) 言語学習は使用されている目標言語インプットに接することで成り立つ。
> (2) 学習者は目標言語インプットに接しながら，一般的な学習時に用いる認知メカニズムを用いてルールを抽出し，言語を習得していく。

　用法基盤モデルは，言語表現（語，句，構文，慣用表現など）を形式と意味の組み合わせである記号構造（construction）ととらえる。そして，言語表現とは言語形式とその意味が密接に関わり合い，その言語形式には文化的，歴史的，習慣的に動機づけられた意味と用法が随伴すると考えられている。それぞれの記号構造を言語運用の実例から言語体験を通じて習得すると考えるのが用法基盤モデルの要諦となる部分である。この考え方を語用論指導に応用するためには，言語体験を通じての目標表現の単なる形式と意味の関連づけだけではなく，目標表現の言葉としての意味とコンテクストとしての意味を連結づける必要がある。目標表現の言語表現の側面と文化およびコンテクストの側面を関連づけるタスク活動に従事することが，語用論ルールの抽出という高次の段階へつながる近道であると考えられる。タスク活動について様々な定義がなされているが，本章ではタスクを次のように定義する（第6章も参照のこと）。

> (1) 意味・内容の伝達が第一義である。
> (2) 情報・考えなどの何らかの差がある。
> (3) 学習は言語的または非言語的手段を用いる必要がある。
> (4) 言語表現と文化およびコンテクストを連結づける必要がある。

次節では，具体的な実験例を見ながら本節で論じた内容を確認することとする。

3. 研究

現在に至るまで多くの中間言語語用論についての実験が行われ，明示的であれ，暗示的であれ，目標表現の言語表現側面と文化およびコンテクスト側面を連結する指導方法が有効であることがわかっている。その中でもアウトプット誘導型指導方法を実践した研究である Taguchi and Iwasaki (2008), Taguchi (2012), Nguyen, Pham, and Pham (2012) による実験とインプット供給型指導方法を実践した研究である Takahashi (2001), Takimoto (2009) による実験を次に紹介する。

3.1 アウトプット誘導型タスクの効果

Nguyen, Pham, and Pham (2012) は，ベトナムの教員養成機関で学ぶベトナム人英語中級レベル学習者を対象に英語の批判方法（I didn't see your conclusion. 等）に関する指導を行った。指導方法は教師主導の明示的な指導では，(1) 目標表現に対する意識高揚タスク，(2) メタ語用論的情報，(3) 目標表現について学習者による話し合い，(4) 口頭でのアウトプット誘発型練習，を実施したのに対して暗示的指導では，(1) インプット強化活動，(2) 書き言葉による談話完成練習，が行われた。また，明示的指導と暗示的指導では学習者は目標表現の使用を促す目的のアウトプット活動に従事することは同じであったが，教師主導の明示的指導方法では明示的な訂正（explicit correction）とメタ語用論的情報を含むフィードバックを与えたのに対して，暗示的指導方法ではフィードバック自体も暗示的なものでリキャスト（recast）であった。結果として，両グループ共に統制群グループ（control group）より語用論的能力が向上したが，明示的指導

グループの方が語用論的能力をより向上させることができたと報告している。

　Nguyen, Pham, and Pham（2012）ではアウトプット誘導型タスクを取り入れた明示的な指導方法と暗示的な指導法を比較し，アウトプット誘導型タスクの有効性を見出している。さらにそのアウトプット誘導型タスクを通じて目標表現をより深いレベルで処理する方法を紹介しているのがTaguchi and Iwasaki（2008）による研究である。

　Taguchi and Iwasaki（2008）は，アメリカの大学に通う日本語初級学習者を対象に日本語の助動詞（〜です）や助詞（〜は，〜が，〜の，〜に，〜が，〜から，〜か）についての指導を行い，その後，学習者同志がペアとなり，助動詞や助詞を使用する種々のアウトプット誘導型タスクに従事させた。結果として，アウトプット誘導型タスクに従事したグループとしなかったグループを比較すると，自発的な発話を促すテストでは，アウトプット誘導型タスクに従事したグループの方が多くの助動詞や助詞を駆使し，対話者の発話内容に対する認識やさらなるコメントを発しながら会話がより自然な流れを形成していた。ここで特筆すべき点は，実験群グループ（experimental group）がロールプレイ練習時に意図的に目標表現を繰り返して使用し，会話をより長くさせることを促すアウトプット誘発型タスクに従事にしたことである。学習者はこの活動を通じ，目標表現の言語としての意味と文化的およびコンテクスト的意味をより深く理解できたと推測することができる。

　Taguchi and Iwasaki（2008）による実験報告でわかることは，目標表現の言語に関することを指導することは比較的容易であっても，それを取り巻く文化およびコンテクストに関することを学習者に深層的に定着させることはそれほど容易でないことが推測できるということである。語用論的能力を上達させるためには言語表現の意味と文化およびコンテクストの意味を関連づける工夫が必要となることは，前述した通りであるが，その両輪の１つでも欠けると正しい語用論的能力を身につけることができなくなる。それを補うためにも，繰り返し目標表現を使用するアウトプット誘発型タスクに取り組ませることが有効的であると考えられる。異なる状況を設定した上で，その異なる状況にふさわしい表現を意図的に使用させる練習を繰り返し行い，また，必要に応じて適切なフィードバックを与える

ことで，言語表現の側面と文化およびコンテクストの側面を関連づけることができ，目標表現に関する語用論的ルール抽出という高次の段階に到達させることができると考えられる。

3.2 インプット供給型タスクの効果

　次にインプットに重きを置くことについても確認することとする。Takahashi（2001）は日本人大学生を参加者に英語の依頼表現を指導する実験を行った。Takahashi は，目標表現のインプット強化（input enhancement）の方法（第2章を参照のこと）を，(1) 目標表現についての教師主導のメタ語用論的情報，(2) 学習者本人の目標表現と英語母語話者による目標表現を比較することに重きを置いた指導（form-comparison），(3) 参加者以外の学習者の目標表現と英語母語話者による目標表現を比較することに重きを置いた指導（form-search），(4) 目標表現を含んだインプットに接し内容に関する質問に答えることに重きを置いた指導（meaning-focused）の4つに分類した。これら4つの手法においては，インプットを目立たせるレベルが異なり，(1) の目標表現についてのメタ言語的情報を与える手法がインプットを強化させるレベルが最も高くなり，(4) の目標表現を含んだインプットに接し内容に関する質問に答えることに重きを置いた指導が最も低くなる。結果として，メタ語用論的情報を与えた参加者が事後テストにおいて高得点を得ることができた。Takahashi（2001）のインプットに重きを置いた指導方法を実践した実験では，教師主導のメタ語用論的情報を含む指導方法が有効であることがわかるが，学習者の中には中学校・高等学校で習った内容が影響し，目標表現（I would appreciate it if ～，I wonder if ～等）を使用しなければならない状況下で，Could you VP? や Would you VP? を使用していた者もいれば，丁寧な依頼文を必要としない状況下でも I wonder if you could VP などの丁寧な依頼文を多用していた者もいた。つまり目標表現を取り巻くコンテクストが持つ意味合いに対する認識度の低さを露呈しており，Takahashi（2001）は教師主導型のメタ言語的情報のみの指導の長期的な効果持続に懐疑的見方を示した。これを裏付ける実験が Takimoto（2009）によって行われた。

　Takimoto（2009）は日本人英語中級学習者を，3つの実験群グループ

と1つの統制群グループに均等に分けた。3つの実験群は、それぞれ3つの異なるインプット中心の明示的指導を行った。(1) メタ語用論的情報＋解釈誘導型タスク（interpretation task），(2) 解釈誘導型タスクのみ，(3) 問題解決型タスク（problem-solving task）のみである。解釈誘導型タスクと問題解決タスクは，Ellis（2008）によって考案されたもので，ここでは語用論指導用に改めたものを使用し，定義は次の通りとなる。

解釈誘導型タスク

(1) 学習者は意図的にインプット強化された目標表現に接する。
(2) 目標表現を含んだインプットは話し言葉または書き言葉である。
(3) 目標表現を含んだインプットの解釈を目的とした活動（例：正誤問題，選択問題，作図，実際の動作等）では極力非言語的アプローチを用いる。
(4) 解釈を目的とした活動では，目標表現にまつわる文化およびコンテクスト的側面と言語表現の側面の関連づけを促し，語用論的ルール抽出へと導く。
(5) 解釈を目的とした活動は客観的な判断と主観的な判断を要するものとする。

問題解決型タスク

(1) 学習者は意図的にインプット強化された目標表現に接する。
(2) 目標表現を含んだインプットは話し言葉または書き言葉である。
(3) 最初に目標表現を取り巻く文化やコンテクスト面に関する問題に取り組み，文化およびコンテクスト面に学習者の意識を向け，それから言語表現的側面に関する問題に取り組み，言語表現的側面に意識を向けさせ，語用論的ルール抽出を促す。
(4) 学習者は目標表現を取り巻く文化およびコンテクストに関するルールと言語表現に関するルールを言語化し，教師は必要に応じて正しいルールを提示する。

指導の目的は英語の依頼表現（I was wondering if you could possibly 〜等）の語彙的緩和方法（lexical / phrasal downgrader）と統語的緩和方法（syntactic downgrader）に関する知識を身につけることで，この実験において解釈誘導型タスクならびに問題解決型タスクを含む3つの異なる指導方法は効果があることがわかった。しかしながら，教師主導型のメタ語用論的説明を受けたグループは，自動的な処理（automatic processing）を必要とするリスニングテストにおいてだけは指導効果を持続させること

ができなかった。これは，学習者がメタ語用論的説明により目標表現に関するルールを直接学び，ルール抽出のための記憶の深いレベルでの処理が不必要となり，そのルールが記憶の表層的な部分のみにとどまり自動的な処理を可能にさせる深層的な部分まで浸透していなかったと仮定した。

　Takahashi（2001）ならびにTakimoto（2009）の実験結果に鑑みると，目標表現の言語表現の側面と文化およびコンテクストの側面を関連づけるインプット供給型タスク活動だけでも有効であることがわかる。また，メタ語用論的情報を与えることも有効であるが，インプット供給型タスクの長所を最大限に生かしたい場合には，学習者にルール抽出のための深いレベルでの処理を促すためにタスク中またはタスク後にフィードバックとして与えるのが望ましいと思われる。

3.3　語用論的能力を向上させるにはどうすればいいか

　言語表現の側面と文化およびコンテクストの側面を関連づけるアウトプット誘導型タスクとインプット供給型タスクを使用することが有効でそれぞれに長所があることがわかった。また，メタ語用論的情報を供給することも有効であることがわかったが，重要になるのがタイミングである。アウトプット誘導型タスクではタスク前に情報を与え，インプット供給型タスクでは学習者に目標表現のルールを記憶の奥深いレベルで処理させるためにタスク中またはタスク後にフィードバックとして与えることが効果的と考えられる。しかし，教育現場では決められた時間枠の中で決められたことを，レベルの異なる大人数の学習者に一斉に教えなければならない実情に鑑みると，メタ語用論的情報はタスク前に与え，アウトプット誘導型タスクとインプット供給型タスクを適宜組み入れる。さらに学習者を正しい方向へ導くために必要に応じてメタ語用論的情報をフィードバックとして再確認のために与えることが，教育現場の実情には適していると思われる。

4．授業での活用

4.1　アクティビティ1　依頼・謝罪・断り（面識度の低い人との対話1）
【活動所要時間】約10分

【教材】*New Horizon 3*
【準備物】オーディオプレーヤー
【評価規準】
・状況に応じた依頼表現を使用することができる。
・面識度が低い目上の人に丁寧な依頼表現を使用することができる。
・依頼表現に応じて謝罪や断り方ができる。
【タスク活動】解釈誘導型タスク＋アウトプット誘発型タスク
【留意点】
・3では教員による模範的評価を与えない。
・4で各ペアの代表による評価を聞いた後で教員による模範的評価と説明を与える。

A. 次の状況文と会話文を読んで問いに答えなさい。
状況：ニューヨークに戻ったエリカは，秋を迎え新しい学年に進級します。週末，エリカはメグの家に電話をかけます。

Meg's mother：Hello?
Erika：Hello, Mrs. Walker. This is Erika. May I speak to Meg, please?
Meg's mother：I'm sorry, but she's out. Do you want her to call you back?
Erika：No, it's OK. But can I leave a message?
Meg's mother：Sure.
Erika：(a) Could you tell her to come to my house at two?/ (b) Can you tell her to come to my house at two? We're going to do our papers together.
Meg's mother：OK. Your house at two.
Erika：Yes. Thank you, Mrs. Walker.
Meg's mother：You're welcome. Say hello to your parents for me.

1. 状況内容を理解して，下線部の(a)と(b)のうち，適切な方を選びなさい。
2. 会話文を聞いて，下線部の(a)と(b)のうち，実際の会話で使用されている方を選びなさい。
3. 状況内容に鑑みて下線部の(a)と(b)の適切度合を5段階で評価しなさい。
    (a) 不適切　1－2－3－4－5　適切
    (b) 不適切　1－2－3－4－5　適切
4. ペアになり3．の適切度合判断と依頼文に対する応答表現について話し合いなさい。

B. 次の状況文と会話文を読んで問いに答えなさい。
　状況：ニューヨークに戻ったエリカは，秋を迎え新しい学年に進級します。
　　　　週末，エリカはメグの家に電話をかけます。

Meg：Hello?
Erika：Hello, Meg. What's up?
Meg：Not much.
Erika：Are you free this afternoon?
Meg：Yes. Why?
Erika：How about doing our papers together this afternoon?
Meg：OK.
Erika：(a) <u>Can you come to my house at two?</u>/ (b) <u>Could you come to my house at two?</u>
Meg：<u>Sorry I can't.</u> But I can come to your house at four.
Erika：All right. I'll see you at four.
Meg：See you then.

1. 状況内容を理解して，下線部(a)と(b)のうち，適切な方を選びなさい。
2. 会話文を聞いて，下線部(a)と(b)のうち，実際の会話で使用されている方を選びなさい。
3. 状況内容に鑑みて下線部(a)と(b)の適切度合を5段階で評価しなさい。
　　(a) 不適切　　1 ― 2 ― 3 ― 4 ― 5　　適切
　　(b) 不適切　　1 ― 2 ― 3 ― 4 ― 5　　適切
4. ペアになり3．の適当度合判断と依頼文に対する応答表現について話し合いなさい。
5. ペアになり2つの異なる役割設定での会話文AとBのモデル対話の練習をしなさい。また，以下の目標表現の_____に異なる語句を入れて会話文AとBのモデル対話練習をしましょう。
　　役割設定1：AとBは親しい友人同士。
　　役割設定2：AとBは面識度の低い者同士でBはAより目上。

　モデル対話練習1
　| A：Could（Can）you _____?
　| B：OK. / Sure. / All right./ No problem.

モデル対話練習 2

> A: Could（Can）you _____?
> B: I'm sorry I can't _____. / Sorry I can't _____.

4.2 アクティビティ2 依頼・謝罪・断り（面識のない人との対話）

【活動所要時間】約20分

【教材】*New Horizon 2*

【展開後の補足教材】

【評価規準】

- 状況に応じた依頼表現を使用することができる。
- 面識がない人に丁寧な依頼表現を使用することができる。
- 依頼表現に応じて謝罪や断り方ができる。

【タスク活動】問題解決型タスク＋アウトプット誘発型タスク

【留意点】

- 1，2，3，4では教員による模範的評価を与えない。
- 5，6で各ペアの代表による評価を聞いた後で教員による模範的評価と説明を与える。

A. 次の状況文と会話文を読んで問いに答えなさい。

状況：エリカはゴールデンウィークに友達といっしょに横浜に遊びに来ました。全員で記念写真をとるために，通りがかりの外国人女性にお願いをします。

Erika：Excuse me. May I ask you a favor?
A woman：Sure
Erika：(a) <u>Could you take our picture?</u>
A woman：(c) <u>All right.</u> Say cheese!
Erika：(b) <u>Could you take another one, please?</u>
A woman：(d) <u>I'm sorry I can't.</u> My friend is waiting for me.

B. 次の状況文と会話文を読んで問いに答えなさい。

状況：エリカはゴールデンウィークに友達といっしょに横浜に遊びに来ました。全員で記念写真をとるために，友人のトモコにお願いをします。

Erika：Do me a favor, Tomoko.

第10章　語用論指導

Tomoko：What is it?
Erika：(a)' <u>Can you take our picture?</u>
Tomoko：(c)' <u>No problem. Say cheese!</u>
Erika：(b)' <u>Can you take another one, please?</u>
Tomoko：(d)' <u>Sorry I can't. I lost my contacts.</u>

1. 会話文 A と B で Erika が発した依頼文を以下の表に書き出し，異なる箇所も書き出しなさい。

会話文 A	会話文 B	異なる箇所
(a)	(a)'	
(b)	(b)'	
(c)	(c)'	
(d)	(d)'	

2. 会話文 A と B での Erika と依頼相手との関係を 5 段階で評価しなさい。
   会話文 A：親しくない　1 ― 2 ― 3 ― 4 ― 5　親しい
   会話文 B：親しくない　1 ― 2 ― 3 ― 4 ― 5　親しい
3. 会話文 A と B での Erika と依頼相手との関係を考慮し，会話文 A と B での Erika の依頼内容が依頼相手に与える負担の度合を 5 段階で評価しなさい。
   会話文 A：負担でない　1 ― 2 ― 3 ― 4 ― 5　負担である
   会話文 B：負担でない　1 ― 2 ― 3 ― 4 ― 5　負担である
4. Erika と依頼相手との関係，依頼内容が依頼相手に与える負担の度合に鑑みて，会話文 A と B での Erika の依頼文の適切度合を 5 段階で評価しなさい。
   会話文 A：適切でない　1 ― 2 ― 3 ― 4 ― 5　適切である
   会話文 B：適切でない　1 ― 2 ― 3 ― 4 ― 5　適切である
5. ペアになり Erika が依頼文をどのようにして丁寧にさせたのかについて確認し合いなさい。
6. ペアになり Erika の依頼文に対す応答表現について話し合いなさい。
7. ペアになり 2 つの異なる役割設定での会話文 A と B のモデル対話の練習をしなさい。また，以下の目標表現の＿＿＿に異なる語句を入れて会話文 A と B のモデル対話練習をしましょう。
   役割設定 1：A と B は親しい友人同士。
   役割設定 2：A と B は面識のない者同士。

モデル対話練習 1
> A: Could (Can) you _____?
> B: OK. / Sure. / All right./ No problem.

モデル対話練習 2
> A: Could (Can) you _____?
> B: I'm sorry I can't _____. / Sorry I can't _____.

4.3 アクティビティ3 依頼・謝罪・断り（面識度の低い人との対話２）

【活動所要時間】約20分
【教材】*Departure English Expression I*
【評価規準】
- 状況に応じた控えめな依頼表現を使用することができる。
- 面識度の低い目上の人に負担となることをお願いする際に，より丁寧な依頼表現を使用することができる。
- 依頼表現に応じた謝罪や断り方ができる。

【タスク活動】問題解決型タスク＋アウトプット誘発型タスク
【留意点】
- 1，2，3，4では教員による模範的評価を与えない。
- 5，6で各ペアの代表による評価を聞いた後で，教員による模範的評価と説明を与える。

A. 次の状況文と会話文を読んで問いに答えなさい。

状況：ヨーコは本日中に図書館に１冊の本を返却しなければなりません。しかし，家を離れることができない用事があり，図書館に行くことができません。友人のマリーがヨーコ宅を訪れ，これから図書館へ行こうとしています。

Yoko: Are you off? Where are you going?
Mary: I am going to the library.
Yoko: Oh, (a) could you do me a favor?
Mary: What is it?
Yoko: I need to return a book to the library today. So, (b) would you be able to return it for me?
Mary: (c) Sure.

Yoko: Really? That would be great.
Mary: No problem.

B. 次の状況文と会話文を読んで問いに答えなさい。
　状況：ヨーコは本日中に図書館に10冊の本を返却しなければなりません。しかし，家を離れることができない用事があり，図書館に行くことができません。近所に住む友人のマリーの母親がこれから図書館へ行こうとしています。

Yoko: Hello, Mrs. Smith.
Mary's mother: Hello, Yoko.
Yoko: Are you going to the library, Mrs. Smith?
Mary's mother: Yes.
Yoko: Oh, (a)′ <u>I wonder if you could do me a favor.</u>
Mary's mother: What is it?
Yoko: I need to return ten books to the library today. So, (b)′ <u>I was wondering if it would be possible for you to return them for me today.</u>
Mary's mother: (c)′ <u>I'm sorry I'm afraid I can't.</u> They are too heavy to carry.
Yoko: No problem. It's all right.

1. 会話文AとBでYokoが発した依頼文を以下の表に書き出し，異なる箇所も書き出しなさい。

会話文A	会話文B	異なる箇所
(a)	(a)′	
(b)	(b)′	
(c)	(c)′	

2. 会話文AとBでのYokoと依頼相手との関係を5段階で評価しなさい。
　会話文A：親しくない　1－2－3－4－5　親しい
　会話文B：親しくない　1－2－3－4－5　親しい

3. 会話文AとBでのYokoと依頼相手との関係を考慮し，会話文AとBでのYokoの依頼内容が依頼相手に与える負担の度合を5段階で評価しなさい。
　会話文A：負担でない　1－2－3－4－5　負担である
　会話文B：負担でない　1－2－3－4－5　負担である

4. Yokoと依頼相手との関係，依頼内容が依頼相手に与える負担の度合に鑑

みて，会話文AとBでのYokoの依頼文の適切度合を5段階で評価しなさい。

会話文A：適切でない　1—2—3—4—5　適切である
会話文B：適切でない　1—2—3—4—5　適切である

5. ペアになりYokoが依頼文をどのようにして丁寧にさせたのかについて確認し合いなさい。
6. ペアになり，Yokoの依頼文に対する応答表現について話し合いなさい。
7. ペアになり，2つの異なる役割設定での会話文AとBのモデル対話の練習をしなさい。また，以下の目標表現の_____に異なる語句を入れて場面を会話文AとBのモデル対話練習をしましょう。

役割設定1：AとBは親しい友人同士。
役割設定2：AとBは面識度の低い者同士でBはAより目上，またはAとBは面識のない者同士という設定で，AはBに対して負担となるお願いをする。

モデル対話練習1
A：Would you be able to _____?
B：OK. / Sure. / All right. / No problem.

モデル対話練習2
A：I wonder（am wondering / was wondering）if you could _____.
B：I'm sorry I'm afraid I can't _____.

5. おわりに

　現在に至る研究では，第二言語語用論的能力の向上には，言語表現の側面と文化およびコンテクストの側面を関連づける指導が有効であることがわかった。また，語用論指導では，第二言語習得分野で確立された考え方を利用することが有効であることも種々の実験を通じて証明されてきた。今後は，結果をさらに一般化するために，研究手法の幅を広げ，指導方法や目標表現の多様化，学習者要因を垣間見ることができる評価方法を採用し，研究を積み重ねることが必要である。そうすることで，より効率的かつ確実な第二言語語用論指導方法を開発することができるであろう。そして，今後は教師側からだけでなく，学習者の個々の特性を重視した指導方法の重要性を再認識し，それぞれの学習者のレベルや習得に影響を及ぼす

要因に応じたタスクを捻出し実践していくことで学習者が語用論的能力向上を確実なものにし，理想的なコミュニケーション能力獲得を可能なものにするであろう。

◆ ディスカッション・クエスチョン
1) 語用論的能力とはどのような能力か，本章を読んで考えてみよう。
2) 4.3のA並びにBの場面での文化およびコンテクストの側面と言語表現の側面について説明しなさい。
3) 日常生活で交わされる対話の中で異なる文化およびコンテクストに応じて，言語表現を変える具体例を挙げなさい。

◆ 文献案内
① ジェニー・トーマス（1998）『語用論入門——話し手と聞き手の相互交渉が生み出す意味』東京：研究社.

言語の意味は，文化およびコンテクスト，話し手と聞き手の相互の関わりなどの様々な要因が作用して生じる。本書は，発話行為，会話による含意，語用論へのアプローチ，間接的な言い回し，ポライトネス理論など，語用論の基本的概念を網羅し，豊富な用例を用いて解説した入門書である。本書を読むことで，日常生活でなにげなく使用している言葉の奥深さを学ぶことであろう。語用論の基本概念を丁寧に説明し，用例を数多く使用しているので，語用論について初心者でも理解しやすい内容となっている。

② S. Ross & G. Kasper. (2013). *Assessing second language pragmatics*. London: Palgrave Macmillan.

本書は第二言語語用論的能力の評価についての論文集である。個々の専門分野である評価方法を用いて，異なる観点から第二言語語用論的能力を質的そして量的に分析した。また，コミュニケーション能力と相互交渉能力の考え方をもとに，会話分析を応用したインタビュー形式の分析では，発話行為の受容的言語活動と創造的言語活動を精査した興味深い内容である。種々の研究結果をまとめ，教育現場で利用できる手法を網羅しているので，個々の教育現場では異なる手法を織り交ぜ，評価として生かすことができる。

③ 石原紀子・アンドリューコーヘン（2015）『多文化理解の語学教育——語用論的指導への招待』東京：研究社

　本書は学習者にコミュニカティブ能力を身につけさせるために教師が授業で語用論指導や評価を取り入れていくための方法を盛り込んだ内容で，効果的かつ合理的な語用論指導法および評価法を紹介する。語用論や第二言語習得理論の紹介にとどまらず，理論を語用論指導に適用した具体的な指導法を網羅した。語用論的能力は，対人間コミュニケーションまたは多文化間コミュニケーションにおいて，意思の疎通を円滑にするためには不可欠なものである。本書では，語用論的観点に配慮した指導方法を提案し，語学教育に語用論指導を取り入れることを趣旨として書かれている。

第11章
個人差とコンテクスト

> **キーワード**
> 個人差　動機づけ　言語学習適性　臨界期
>
> **アブストラクト**
> 　第二言語習得における個人差とは，学習者ひとりひとりが持ち合わせる，言語習得・学習に関わる特性のことである。言語学習適性，年齢，言語学習への動機づけ，性格などが主な例である。

1. はじめに

　読者のみなさんが学生だったとき，ずば抜けて語学に優れたクラスメートはいませんでしたか。同じ授業を同じ時間，同じ教科書を使って同じ教師から習っているのに，この差はなんだと疑問に思ったことはないでしょうか。あるいは，すでに教えている読者の中には，30人のクラス全員に同じ授業をしているはずなのに，試験結果に大きな差が出るのはなぜだろう，と不思議に思ったことがあるのではないでしょうか。

　もちろん，教え方によって学習者の英語力が伸びたり，思うように効果が表れなかったりすることはあるでしょう。けれども，どんなに理想的な授業をしてみても学習者全員に均一の結果が出ることはまれで，自然と学習者間の差が生じてしまいます。これは一体どうしてなのでしょうか。

　おそらく，この差を生み出しているのが，各学習者ひとりひとりで異なる個人差，つまり言語学習適性，年齢，言語学習への動機づけ，そして性格ではないでしょうか。たとえば，年齢を例にとると，子どもは自然と言葉を習得し，最終的にはいわゆる「ネイティブスピーカー（母語話者）」，つまり母語話者レベルに達すると考えられています。一方，大人になって始めた言語学習は，そのレベルに達することはなかなか難しいようです。

　また，言語学習の能力に優れている学習者は，音声に敏感で，会話を聞くうちに何となく言い回しのパターンに気がついて，いつのまにか使いこ

なすようになっていたり，あるいは授業で習った文法規則を次々と応用していって新しい文を使って積極的に会話をしているように思われます。さらに，目標言語の文化，たとえば映画や音楽，演劇などへの興味・関心，または学習者の外向的・内向的な性格も言語学習に影響を与えています。

この章では，個人差の分野でこれまでによく研究されている年齢，言語学習適性，動機づけ，性格について考察します。また，言語学習環境と学習者のアイデンティティーについても見てみましょう。

2. 理論

早期英語教育の議論がなされて久しいが，早期英語教育を推進する大きな要素として年齢があげられるだろう。小さいときから接した言語は，自然と母語話者レベルまで達するが，ある一定の年齢（臨界期）を過ぎて言語学習を始めてもなかなかそのレベルまで達することはない，と広く考えられている。ところが，実は大人の方が習得の速度が子どもより早い，という研究結果が報告されている。大人は，それまでの学習経験，知識，そして何よりすでにひとつの言語（母語）を知っていることが，第二言語を学習する際に役に立っているようである。ただ，習得速度が早いのは，多くの場合学習を始めた初期の段階だけであって，最終的には子どもから始める方が母語話者レベルに達するのである。

しかし，20歳を過ぎて新たに接した言語を母語話者並みに習得した例も報告されており，年齢だけが要因ではないようである。そこで考えられるのが学習者の言語学習適性である。言語学習適性があると，効率的に言語を習得すると考えられている。では，その適性とは何かというと，主に音声を聞き分ける能力，分析力，そして記憶力が挙げられる。言語学習適性と指導法の関係には主に相対する2つの仮説があり，1つは言語学習適性がある学習者は指導を受けなくても周りの言語を見聞きするだけで規則を見出すので，コミュニケーション中心の活動が合っている，というものである。もう1つは，言語学習適性がある学習者は文法説明を理解する能力に優れるので，文法説明を中心にした指導法がより効果的であり，一方，コミュニケーション中心の指導法は言語学習適性の有無にかかわらずどのような学習者にも等しい効果が期待される，というものである。

言語学習適性と同じぐらいに言語習得に影響があると考えられ，また多くの研究が行われているのが学習者の動機づけである。動機づけ，という目に見えないものをアンケートを使って，学習者の努力，言語学習に対する態度，学びたいという気持ちを数値化した研究が盛んに行われている。その結果，その学んでいる言語に強い関心がある学習者，たとえばその言語の文化，その言語を話す人々に興味があり，さらにはその言語を話す人々の考え方や振る舞いまでも真似したくなるほどの統合的動機づけ（Integrated Motivation）を持ち合わせた学習者はその言語を早く習得するようである。一方，道具的動機づけ（Instrumental Motivation）は，統合的動機づけほどの効果は第二言語習得にみられないが，外国語として学ぶ環境（たとえば，日本での英語教育）では，受験や就職のために学ぶという道具的動機づけの影響力が期待されている。最近は自己決定理論（Self-Determination Theory）やL2セルフシステム（L2 Motivational Self System）といった，より多様な視点からの動機づけの研究が進んでいる。

　学習環境も言語習得に大きな影響があり，その学習環境は主に2種類ある。1つ目が第二言語として学ぶ環境で，たとえば英語が公用語として話されているカナダに留学して英語を学ぶように，その言語が話されている地域で学ぶことである。2つ目が，外国語として学ぶ環境で，たとえば日本で英語を学んだり，あるいはカナダで日本語を学ぶことである。一般的に，留学などを通して現地に長期間滞在し，第二言語として学ぶ環境に身を置くと語学力が上がると思われる傾向があるが，最近の研究によると必ずしも効果があるわけではないことが報告されている。その主な原因が，留学していても多くの場合同じ国からの留学生同士での交流を大切にするあまり，つい学習している言語を話すのを遠慮してしまったり，あるいは期待していたほど現地の人々と会話をする機会がない，ということにあるそうだ。

　この，学習者の外国語・第二言語を話すことへの抵抗や会話の機会の有無は学習者のアイデンティティーや投資（Investment）と深く結びついていると考えられている。つまり，学習者は相手との力関係や社会的な環境に鑑みて，その言語を話すことによって得るだろう利点，あるいはリスクを常に念頭に置いて，言語を話すか，話さないか判断しているのである。

　最後に，学習者の性格も言語習得に影響を与えるようだ。外向的な学習

者はより積極的にその言語を使おうとするため，内向的な学習者よりも言語習得が早いと考えられている。次のセクションでは，上記で述べた理論を検証する研究結果を見ていく。

3. 研究

　このセクションでは，年齢，言語学習適性，動機づけ，環境，アイデンティティー，性格が第二言語習得に与える影響を調べた研究結果を紹介する。まず，年齢と第二言語習得の速度の関係を調べた研究に Snow & Hoefnagel-Hohle（1978）がある。この研究によると，言語学習を開始した最初の数か月は大人の学習者と12～15歳の学習者の習得速度が最も早いが，最終的には子どもは自在にその言語が操れる母語話者レベルまで達することがわかった。したがって，母語や学習者の知識を活用することで大人や10代前半の学習者の言語習得が促進されるようである。また，Oliver, Philp, Mackey（2008）によると，幼い学習者（5～7歳）と小学校高学年ぐらいの学習者とでは，教師のフィードバック効果の現れかたが異なるようだ。たとえば，幼い学習者はアクティビティに取り組んでいる間にフィードバックとして説明を受けても両方に注意を向けることが困難なため，説明の理解が難しくなる傾向にある。そのため，幼い学習者には，活動とは別に（できれば活動の直前に）説明をした方が学習効果が高いようである。一方，小学校高学年になると複数のことに同時に注意を向けられるようになり，コミュニケーション活動中に教師が説明することで学習効果が高まるようである。

　次に，言語学習適性と第二言語習得の関係を調べた研究を見てみよう。Erlam（2005）は，ニュージーランドの14歳前後の60人の被験者を対象に，言語学習適性と教え方の関係を調べた。60人の学生全員に言語学習適性テストを受けさせ，さらにその学生を3つのグループ，つまり(1)文法説明を聞き，その後アウトプット活動をするグループ，(2)文法説明はなく，インプット活動とアウトプット活動をするグループ，(3)文法説明後，インプット活動のみをするグループに分けた。実験の結果，文法説明後にアウトプット活動をすると（1つ目のグループ），どのような言語学習適性を持った学習者にも等しく効果が期待できることがわかった。

Sheen（2007）の研究では，学習者の作文訂正の方法と言語学習適性の関係が研究され，文法説明を含む訂正の方法は言語分析能力に優れた学習者に効果があることがわかった。ところが，Li（2013）の研究によると言語分析能力に優れた学習者は，文法説明のない暗示的な指導法（リキャスト）がより効果的で，優れたワーキングメモリを持つ学習者にはより明示的な文法説明を伴うような指導法が効果があることがわかった。これは，言語分析能力に秀でた学習者は，文法説明を聞かずとも与えられたインプットから文法規則を見つけ出すことができ，また優れたワーキングメモリを持つ学習者は文法説明を理解し，記憶しつつ同時にインプット・アウトプット活動ができるからなのかもしれない

　第3に，動機づけの研究を見てみよう。Masgoret & Gardner（2003）のメタ分析（meta-analysis），つまり過去に行われたいくつかの実験を集めて行う分析によると，言語学習への態度，学んでいる外国語（または第二言語）を話すコミュニティーに属したいと願う気持ち，試験や就職のためにその言語を学ぶという気持ち，そして動機づけなどの要因の中で，動機づけが学習到達レベルに一番影響があることがわかった。では，一体どのようにして学習者を動機づけたらいいのだろうか。Guilloteaux & Dörnyei（2008）は学習者を効果的に動機づける方法を調べるために，27人の韓国で英語を教えている教師と1300人以上にのぼる学習者にアンケート調査を行った。その結果，教師の影響が大きいことがわかった。つまり，教室でどのように教師が学習者を励まし，やる気を出させるかが学習者の動機づけ，ひいては学習到達レベルに重要な役割を果たしていることがわかった。その具体的な方法はDörnyei（2001）に，4つの段階に分けられて詳しく紹介されている。第1段階が，動機づけの状況を整えること，第2段階が最初の動機づけ，第3段階が動機づけの維持，第4段階がさらなる動機づけにつながる肯定的な自己評価である。

　第4に，環境について見ていくが，外国語として学ぶ環境，あるいは第二言語として学ぶ環境は本書の目的，つまり日本における教室での教え方，から少し逸れてしまう。よって，ここでは留学して第二言語として学ぶ環境にいても，実は会話をする機会が少なかったという報告がよくある，ということだけを述べておく（Ranta & Meckelborg, 2013；Wilkinson, 2002）。さらに教師1人に30人の学習者がいる教室，それに対して教師と学習者

1対1（または少人数）の環境について考察しよう。一般的に，教室環境ではなく，1対1の方が学習効率が高いと言われることが多い。たとえば，Li（2010）のメタ分析によると，訂正フィードバックは教室よりも，1人または数人を相手にした実験室での方が効果が高いようである。さらに，Saito（2010）のメタ分析では，教室では学習者にヒントを与える訂正フィードバック（プロンプト）の方が，正しい答えを与えるリキャストより効果があることが示された。つまり，教室環境であっても，効果的な訂正フィードバックがあるということである（第4章，第5章を参照）。
　第5に，学習者のアイデンティティーについて見てみよう。Norton Peirce（1995）は学習者の投資，つまり学習者を取り囲む社会状況や学習者と話し相手の力関係に応じてその言語を学ぼう（あるいは，あまり学びたくない）という気持ちの移り変わりの重要性を説き，カナダへ移住してきた女性を対象にした研究を行った。この研究では，英語を学ぶ意欲にあふれた移民の女性たちが，英語学習に投資した先にある世界，つまり英語話者と対等に会話し，仕事をしている自分自身を思い描きつつ英語圏で生活しながら，結局話し相手としてみなされずに英語で会話する機会・権利さえなかなか得られない状況が描かれている。その「投資」と日本の英語教育との関係を調べた研究もある。Tomita & Spada（2013）は日本のある高校で，学習者が英語をどのようにとらえ，それが授業，特にコミュニケーションに重点を置いた教え方，コミュニケーションと文法の両方に重点を置いた教え方にどう関わるか，アンケート，インタビュー，授業見学，日記をもとに調べた。その結果，学習者は英語を「かっこいい」と思う傾向にあり，そのかっこいい言語を話すことへの照れ，憧れ，あるいはかっこよく流暢に話す相手への妬みが，コミュニケーション活動を阻害していることがわかった。たとえば，どんなに英語が好きで，学びたいという動機が強くても，コミュニケーション活動中に流暢に英語を話すと相手が嫌がるのではという心配から，あえて英語を話さないようにする学習者もいる。そうした場合，コミュニケーションと文法の両方に重点を置くことで，コミュニケーションがスムーズに進行することがわかった。その理由として，文法は，留学経験・家庭環境などが反映されやすい会話能力と違い，努力すれば誰でも平等に上達するものだ，という認識が学習者間にある。それに加えて，あえて文法を間違えることで，「学習者」（「英語話者」で

はなく）というアイデンティティーを確立し，さらには「学習者」としての連帯感が生まれることが考えられる。その結果，その後の英語でのコミュニケーションも円滑にいくようだ。この研究から，学習者には言語学習適性や動機づけといった従来数値化されてきた要因のみでなく，アイデンティティーや学習者の「投資」も言語習得に大きな影響を与えることが示された。

最後に，性格と第二言語習得について見てみる。一般的に，外向的な学習者は積極的に目標言語を使った会話に参加する傾向があるため，内向的な学習者に比べてその言語をより効果的に習得すると考えられている。Dewaele & Furnham（2000）の，フランス語を学んでいる大学生を対象にした研究によると，外向的な学習者は内向的な学習者に比べて流暢にフランス語を話すが，一方，内向的な学生は時間はかかってもより豊かな語彙を使って話すことがわかった。また，Wakamoto（2000）は，性格と言語学習ストラテジーを，222人の日本の短大生を対象に調べた。その結果，外向的な学習者は間違いをあまり恐れずに自分から英語で話しかけたり，質問したりすることがわかった。したがって，内向的な学習者も同様のストラテジーが使えるようになるように，学習者が間違いをあまり恐れない環境，たとえばグループ活動を通して，そのようなストラテジーを教えていく必要もあるだろう。

次のセクションでは，以上述べた年齢，言語学習適性，動機づけ，環境，アイデンティティー，そして性格を実際の教室でどのように活用していくか，具体的な教案を用いて紹介する。

4. 授業での活用

30～40人のクラスで1人1人の個人差に50分の授業時間内に対応するのは難しい。従って，このセクションでは教科書に指定されている各活動がどのような学習者に向いているのかを，年齢，言語学習適性，動機づけ，環境，アイデンティティー，性格の観点から分析する形で見てみよう。

4.1 アクティビティ1 対話例の活用法（中学校）

アクティビティ1は中学校2年生の教科書 *Sunshine 2* の第6課の54

ページの Basic dialogue の例である。Basic dialogue の箇所を授業で取り上げるときには，一般的に，ペアで読んだり，Appendix を使って，意味を確認したり，教師が文法規則と意味を説明したりすることが多い。これらの活動をするときに，本章で取り上げた主な個人差の視点から，どんなことを教師は考えなければいけないだろうか？

【手順】
1. ペアで読む
2. Appendix を使って，意味を確認。
3. 教師が文法規則と意味を説明する。

【年齢】中学 2 年生という年齢を考えると，母語を効果的に利用したい。なぜなら，中学生であれば，すでにひとつの言語（母語）を知っていることが，第二言語を学習する際に役に立っているからである。

【適性】言語学習適性のある学習者は，会話を読むだけで規則を見つけられるかもしれない。一方，そうでない学習者はより明確な説明を必要とするかもしれない。

【動機】学習者の動機づけのため，レッスンのテーマである自分たちの夢を語るためにはこの文法規則を知っておくと役に立つことを伝える。

【コンテクスト】教師と学習者は 1 対複数だが，ペアワークを通して 1 対 1 の環境を作る。

【その他】ペアワークで，内向的な学習者も発言しやすい環境を整える。

4.2 アクティビティ 2 リスニングでの活用法（中学校）

アクティビティ 2 では，Basic dialogue 後の Listening のアクティビティでどんなことに気をつけるとよいかを考えてみる。

【手順】
1. 絵を見て，主人公の由紀についての質問に答えさせる。
2. CD を聞いて，質問に答える。
3. 内容理解の確認をする。

【年齢】中学生という年齢を考えると母語や既有知識を活用したい。

【適性】言語学習適性のある学習者は聞いただけで内容理解ができるかもしれない。そうでない学習者は，絵や知識を使うことで，聞き取りの手助けになるかもしれない。

【動機】学習者が正確に聞き取って内容ができたと実感できるように，聞き取り前に十分な準備をする（単語の練習，質問内容の確認，物語の背景など）。

【その他】外向的な学習者は即答するかもしれない。一方，内向的な学習者は時間がかかっても，複雑な表現を使って答えるかもしれない。

4.3 アクティビティ3 ライティングでの活用法（高校）

アクティビティ3では，*Genius English Communication I Revised*，レッスン1のProjectを例に，ライティングの活動でどのように年齢，言語学習適性，動機づけ，環境，アイデンティティー，性格を考慮にいれた授業ができるか考えてみる。

【手順】
1. 学習者の作文に役立つ表現を板書する。また，文章の構造のヒントも板書で与える。

   例：We are interested in ＿＿＿ because＿＿＿．
   　　We were surprized that ＿＿＿ because ＿＿＿．
   　　It is important that ＿＿＿．

2. 学習者はこのレッスンで学んだ単語，表現，文法規則を使って文章を作る。

【年齢】高校生なので，フォーマットと内容の両方に同時に注意を向けることができるはずである。

【適性】言語学習適性のある学習者は助けなしに文章が書けるかもしれない。そうでない学習者は板書してある表現や文章構造のヒントをもとに，作文に取り組みやすくなるかもしれない。

【動機】ペアで達成感を味わってもらえるように，ある程度難しいタスクであっても，協力したら終わるようにヒントを与えるなどしてタスク完成の手伝いをする。

【コンテクスト】教師は動き回って，1対1の関係を築くように努める。

【アイデンティティー】文法構造に注意を向けることで，学習者の会話が弾み，「学習者」としての連帯感も生まれるかもしれない。

【その他】内向的な学習者も書く作業で語彙などを時間をかけて調べることができる。

5. おわりに

　以上，この章では個人差と環境についてこれまでの研究を振り返り，さらに具体的に教室での活用の仕方について見てきた。個人差は，幅広い分野にわたって研究されているので，この章では特によく研究されている年齢，言語学習適性，動機づけ，環境，アイデンティティー，そして性格に焦点をあてた。個人差は，教える際のテクニックと違い，教師が自在に操作できるものではないため，まずは個人差があることを認め，個人差が第二言語習得にどのように影響を与えるかを理解した上で授業に臨むことでより効果的な授業を行うことができると期待される。

◆ **ディスカッション・クエスチョン**
1) 同じ教科書を使い，同じ授業を受けているのに，生徒間に差ができてしまうことがある。なぜか考えてみよう。
2) 外国語の早期教育の利点，注意点について教師の立場から具体的に考えてみよう。
3) 英語学習への動機づけや英語力に個人差があるにもかかわらず，30〜40人のクラスに同じ教科書を使って一斉に授業をしなければならない。どのようにしたら，異なる動機づけや英語力に対応した授業を行えるだろうか，考えてみよう。
4) 日本のように教室外で英語を使う機会のない環境で学ぶより，英語圏の国で短期留学などをした方がいいのだろうか，考えてみよう。
5) 英語で話すと本当の自分ではないようで恥ずかしく，わざと日本語調で英語を話したり，全く英語を話したがらない生徒がいる。そのような生徒にどう対応したらいいだろうか。

◆ **文献案内**
① Lightbown, P. M., & Spada, N. (2013). *How languages are learned* (4th ed). Oxford, UK：Oxford University Press.［白井恭弘・岡田雅子（訳）(2014)『言語はどのように学ばれるか』岩波書店］
　この本は第二言語習得の基本テキストとして広く使われているが，個人差についてもとてもわかりやすい説明がなされている。年齢，知性，言語

学習の適性，性格，動機づけなどがどのように第二言語を習得する際に影響を与えているのか具体例を挙げながら説明されている。

② Dörnyei, Z.（2001）. *Motivational Strategies in the Language Classroom.* Cambridge：Cambridge University Press.［米山朝二・関昭典（訳）（2005）『動機づけを高める英語指導ストラテジー35』大修館書店］

　この本では，学習者を動機づける様々な方法が紹介されている。動機づけのタイミングが4つに分類されていて，1つ目が動機づけの状態を整える，2つ目が最初の動機づけ，3つ目が動機の維持，4つ目が肯定的な自己評価である。この4つのタイミングで，教師が教室で使える学習者の動機づけの35もの方法が紹介されており，その35の方法それぞれにさらに細かい具体的な方法が示されている。4月の新学期に合わせて，動機づけの準備をしたい教師，その時期の動機づけをいかに維持し，さらなる動機づけをしていくか興味がある教師にはもってこいの1冊だろう。

③ Erlam, R.（2005）. Language aptitude and its relationship to instructional effectiveness in second language acquisition. *Language Teaching Research, 9*(2), 147-171.

　この研究では，学習者の言語学習適性と授業の効果の関係について検証されている。ニュージーランドの14歳前後の学習者60人が参加し，3つのグループに分かれて，それぞれ異なる方法でフランス語の直接目的格の代名詞を習った。1つ目のグループは，文法規則説明を受け，その後練習を行い，間違った場合は教師が訂正した。2つ目のグループは，文法の説明はなく，活動を通して直接目的格の代名詞の意味を理解した上で，その文法を使う練習をした。3つ目のグループは，文法説明の後，直接目的格の代名詞を含んだ文を読んだり聞いたりした。学習者は全員言語学習適性テストを受けた。この実験の結果，1つ目の方法，つまり文法説明を聞いてから練習する方法は，どのような言語学習適性を持った学生にも等しく効果があることが示された。

第12章
指導の評価──スキル習得理論の観点から

キーワード
　宣言的知識，手続き的知識，自動化，正確さと流暢さ

アブストラクト
　使える英語を身につけさせるという指導の目標を据えた場合，どのように評価すればよいのだろうか。本章では，英語が使えるようになる過程を，スキル習得理論の観点から概観する。そして，その観点から，英語が使えるようになるための指導に沿って，いつどのように評価すべきかについて考える。

1．はじめに

　前章までは，ある目標を達成するための指導・学習方法（例：ある文法項目を習得させるためにどう教えるか）ということを中心に考えてきました。それでは，指導の結果，生徒がどのような英語力を身につけたかということを評価するにはどうすればいいのでしょうか。読者のみなさんは，生徒の時に，英語授業でどのようなテストを受けてきましたか。一方，教壇に立っている（これから立つ）方は，どのような方法で生徒の英語力を評価していますか（したいですか）。また，指導・学習方法によって，評価方法はどのように変えればいいと思いますか。

　本章では，「英語が使えるか」という観点から英語力を評価する方法を考えてみます。そのためには，まず英語が使えるようになるには，どのような過程を経て，どういう状態になることなのかを理解する必要があります。そのため，本章は，第二言語習得理論の1つであるスキル習得理論（Skill Acquisition Theory）を紹介します。そして，どのようなタイミングで，どのような方法で英語力を評価すればよいかということを考えていきます。

2. 理論

2.1 英語が使えるようになるとは——スキル習得理論の観点から

　スキル習得理論は，様々な運動・認知的行動がどのように熟達していくかというプロセスを説明する理論である。たとえば，パソコンのキーボードを見ずにタイピングできるようになるには，まずキーボードの配置を理解・記憶して，それを思い出しながら何度も練習することによって，キーボード配置を想起せずに，素早く正確にタイピングできるようになる。このような学習プロセスは，英語の学習にも大きく通じるところがある（DeKeyser, 2015）。たとえば，文法学習に関して，複数形の習得を例にして考えてみる。まず，(a) 1つ以上の名詞を指す場合には-sをつける（例：two dogs）ということをまず理解することと，そして(b)その知識を運用できるようになるという2つの異なる学習過程が想定される。スキル習得理論では，前者のように「何かに関する知識」を「宣言的知識（declarative knowledge）」と呼び，後者の「何かをするために必要な知識」を「手続き的知識（procedural knowledge）」と呼ぶ。つまり，宣言的知識として英語の文法規則を知っていたとしても，その知識を手続き的知識として使えるかということは全く異なるということになる。たとえば，名詞の複数形には-sをつけるということは頭でわかっていても，話したり書いたりするときに，名詞に-sを付け忘れてしまったりすることは多くの人が経験しているだろう。また，正確な宣言的知識なしで，手続き的知識を身につけることは多くの文法項目において極めて難しいだろう。たとえば，英語の仮定法のように，宣言的なルールを知らなければ，動詞の時制を変えることで，意味がどのように変わるか（例：実際に起こらなかったことなのかどうか）ということを理解することは難しく，正確に使えるようになることは容易ではない。したがって，正確な語彙と文法の知識がある上で，文を理解・産出したりと様々な機会で運用練習することで，徐々に使えるようになると考えられる。

　最初は宣言的知識に頼りながら，手続き的知識を習得していき，もっと正確に，そしてもっと素早く使えるようになるため，大量の練習（practice）を行う必要がある。習うより慣れろ（Practice makes perfect）ということわざがあるように，手続き的知識を獲得するには，英語を使っ

て練習することが必要不可欠である。多くの繰り返しを含む練習を積むことで，徐々にエラー（例：複数形 -s の不使用）が減っていき，英語を素早く運用できるようになっていく過程を自動化（automatization）と呼ぶ。そして，自動化の達成こそが，使える英語知識の重要な指標となる[1]。

　ここで強調している繰り返し練習とは，機械的ドリル（mechanical drill）のように，意味を伴わないものではなく，形式と意味の結びつき（form-meaning mapping）を意識しながら行う意味を伴った練習（meaningful practice）のことを主に指す。機械的ドリルの例として，動詞の原形から動詞の過去形に変える練習がある（例：go → went）。機械的ドリルは，生徒が意味を全く考えなくても行うことができる。一方，意味と形式を意識させる意味を伴った練習としては，インフォメーション・ギャップを利用したペア活動などがある。たとえば，ペアがそれぞれ似かよった絵を口頭で描写しながら，お互いの絵は見せずに，絵の異なる点を探し合うことで，現在進行形や疑問文を意味のある状況で練習することができる（例：Is the boy reading a book?）。また，一度練習が終わった後に，異なる絵をペアに渡し，繰り返し練習をスムーズに行わせることができる。なお，学習の初期段階であったり，英語が苦手なスローラーナーに対しては，機械的ドリルを最初に十分に行ってから，（より負荷が高い）意味を伴った練習に移行するなどの考慮も大切だと考えられる。

　次節では，まずスキル習得理論が外国語学習に応用された最初の研究を紹介した後，SLA 研究がどのように手続き的知識・自動化を測定しているかを考察してみる。

2.2　繰り返し練習で手続き化と自動化を達成する
——練習のべき法則とスキルの転移の限界

　まず，外国語学習において文法知識がどのように宣言的知識から手続き的知識に移行し，自動化までに至るかを詳細に記述した研究を紹介する（DeKeyser, 1997）。この研究では，大学生を対象に，第二言語を模した人工言語の語彙と文法を 8 週間にわたり，学ばせた。まず，語彙と文法規則

---

[1] 処理が手続き化されること（手続き的知識の習得）と自動化されることを厳密に区別する研究者もいるが，ここでは便宜上，ほぼ同義とみなす。

が理解できた(宣言的知識を獲得した)後に,コンピュータ上でその言語の練習をした。その結果,練習を繰り返すにつれて,エラーの割合が徐々に減り,素早く文法を理解と産出に使えるようになった。そして,速度(とエラー率)が徐々に減少していく過程が,練習のべき法則(Power law of practice)という過程を辿ることを示した(図1)。他の認知課題(例:算数計算)と同じように,第二言語の学習も,練習量(横軸)が徐々に増えることで,ある課題を行う速度が早くなっていき(縦軸),自動化が起こることが明らかになった。

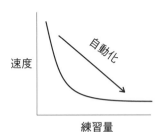

図1　練習のべき法則(Power law of practice)

　さらに,DeKeyser(1997)では,学習者を理解練習(文を読み,内容と一致する絵と合わせる)のみ行うグループと産出練習(文法形式を使って書く[タイピングする])のみのグループに分けて,テストで理解と産出能力の両方を測定した。結果,理解練習をすれば,(産出よりも)理解能力の習得が進み,産出の練習をした時,(理解よりも)産出能力の習得がより進んだ。つまり,スキルの転移(例:読むことから書くこと)は限られていることがわかった。

2.3　いつ評価するか——スキル習得とスキル忘却の両側面から

　次に,スキル習得理論を通して,いつ評価するべきかというタイミングの問題について考える。英語習得のプロセスとして,スキルの習得(skill getting)とスキルの忘却(skill forgetting)という2つの側面がある。まず前者に関しては,宣言的知識と手続き的知識には大きな違いがある。宣言的知識は,一瞬で身につけることが可能である(例:単語の意味を覚える等)が,手続き的知識を身につけ自動化させるには,何度も繰り返し練

習が必要で，スキルの習得に時間がかかる。この習得過程の違いは，評価にも重要な示唆を与える。手続き的知識の習得を目指して指導をした場合，すぐに評価することは難しいだろう。手続き的知識の評価は，十分な練習を積んだ後に行うべきである。また，教えたものは，すぐに身につくとは限らないということを教師は理解して評価を考えることが重要である。すなわち，手続き的知識を評価の観点に入れる場合は，1学期単位ではなく，もう少し中長期的な観点に立ち，指導と評価の両側面から検討する必要があるだろう。たとえば，高校1年生に学んだことを，高校2年生の途中で手続き的知識のレベルで使えるか評価することなどが考えられる（具体的なカリキュラム案としては，金谷（2012）などを参照）。

　一方，スキルの習得とは逆の方向で，スキルの忘却という視点も，評価行動を考える上で役立つ。一部の心理学者は，宣言的知識は短期間で忘れられやすく，手続き的・自動化知識は比較的長く保持されると指摘している。このことから，手続き的知識を獲得する前提として必要な宣言的知識が保持されているかを適宜確認することが有効であると考えられる。たとえば，形成的評価（formative assessment）の一環として，小テストなどで宣言的知識を定期的に確認し，必要があれば，指導を行う必要がある。どれくらいの期間で忘却が起こるのかは，学習項目やスキルの種類にもよるが，スキル習得と忘却の両方の観点から共通して言えることは，最初の指導から時間差を空けて，復習や発展テストなどにより，以前の学習内容も評価することは極めて重要だということである。最後に，表1に宣言的知識と手続き的知識の特徴をまとめる。

知識種類	特徴	習得条件	忘却条件
宣言的知識	〜に関する知識	1回だけでも記憶が可能	短期間で忘れやすい
手続き的知識	〜する知識	何度も繰り返し練習が必要	長期間保持されやすい

表1　宣言的知識と手続き的知識のまとめ

3. 研究

　この章では，主に心理言語学的アプローチによる SLA 研究の観点から，手続き的知識および自動化の厳密な測定方法を紹介する。言語処理は大きく分けて，上位処理とそれを支える下位処理から成り立っている。下位処理，すなわち，語彙（音声／形式／意味）や文法（統語／形態素）の処理の自動化に関しては，コンピュータテストなどによって調べることができる。一方，下位処理が組み合わさった複雑な上位処理（例：スピーキング）は，発話のパフォーマンスをもとに，自動化の度合を推し量ることもできる。ここでは，言語知識の正確さに加えて，知識の運用能力の指標である処理速度（processing speed）の測定問題を取り上げる。また，下位処理の自動化が上位処理であるライティングやスピーキングのパフォーマンスの向上に貢献するということを示した研究も紹介する。

3.1　語彙処理

　語彙性判断テストでは，コンピュータ上に単語が1つずつ提示され，その単語が英単語（例：cat）かそれとも実在しない語（例：swep）かをできるだけ正確に素早く判断するという課題である。このテストを使って，語彙の処理がどのくらい素早くできるかということを調べた研究は多くあり，様々な形で単語学習を行うと，徐々に単語処理が素早くなり，自動化するということを示した研究が蓄積されてきている。さらに，練習した単語が自動化されることで，絵を英語で説明する課題においてより多くの練習した単語が使われ，内容も豊かになることを示した研究もある。なお，日本人英語学習者用に作成されたコンピュータテストとして CELP テスト（門田他，2014，本章文献案内参照）がある。

3.2　文法処理

　文レベルでの処理の速度を測るツールとしては，コンピュータで行う文完成テスト（sentence building/construction task）と文意味判断テスト（sentence verification task）がある（Lim & Godfroid, 2015）。図2にあるように，文完成テストは，コンピュータ上に提示された文の一部を読み（例：I wonder what ...），それに続く単語を2択から素早く選ぶという

（例：does か he）課題である。文意味判断テストは，コンピュータ上に文が提示され（例：April comes right before March.），その文が意味的に正しいか間違っているかをできるだけ素早く選ぶという課題である（この例の解答は×）。Lim and Godfroid（2015）は，韓国語を母語とする英語学習者（中級と上級者）を対象として，2つの課題を行わせた。結果，中級よりも上級の学習者の方が，両課題において反応速度が速かったと報告している。韓国語や日本語のように英語と言語の構造が大きく違う場合，文処理の自動化の果たす役割は重要だと考えられる。

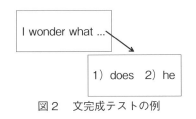

図2　文完成テストの例

　日本人英語学習者を対象とした研究では，文法処理速度テスト（Syntactic Processing Speed Test, SPST）という整序問題のスピードテストが使われている。このスピードテストとは，解けきれない数の比較的簡単な問題を用意して，短時間の間に（例：2分以内），問題を何問正しく解けるかという正答問題の数で速度を推定しようとした試みである（図3）。SPSTは紙ベースなので，パソコン等は必要がなく，上記に紹介したテストよりも実施しやすい。SPSTで文法処理速度が速い学習者は，指示詞や接続詞をより正確に使い，つながりのある英文を書けること（鈴木, 2011）やスピーキングの流暢さが高い（発話量が多い）ということがわかっている。

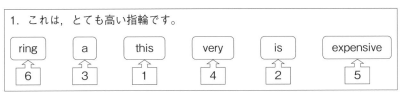

図3　文法処理速度テスト（SPST）の問題形式
※並べ換えの順番に，数字を1から書き込む

3.3 シャドーイング，文復唱課題，自由発話課題

シャドーイング（shadowing）とは，聞いた英文を（影のように）即座に口頭で復唱する活動のことを指す。通訳訓練や通常の英語学習にも応用されてきているが（門田，2015），第二言語習得研究においても，シャドーイングは文法知識の自動化を調べるために活用されている。たとえば，複数形を含む文（1a）と名詞部分が非文法的な文（1b）の2種類を用意して，それぞれをシャドーイングさせる。ターゲット単語（booksまたはbook）が聞こえてから，生徒が発音するまでの反応時間を測定した場合，「複数形の規則」が自動化していれば，（1a）に比べて，（1b）の反応時間が（約0.1秒以下くらい）遅くなるとされている。一方，知識が自動化していない場合は，（1a）と（1b）のような文では反応時間に差が出ない。

（1a）I bought two books last week.
（1b）I bought two *book last week.

日本人英語学習者を対象としては，Miyake（2011）がある。大学生を対象に，意味のかたまりとなった複数語のフレーズ（例：a book about cooking）を6回シャドーイング練習させて，どれだけ発話速度が上がるか検証した。6回の繰り返し練習で，発話の速度が上がったと報告している。そして，英文の音声についていけるように処理速度が向上することで，英文を頭の中で作る負荷が減り，リスニングやスピーキング能力の向上にも貢献すると予想できる。

文復唱課題（sentence repetition/elicited imitation）は，文レベルの処理が音声で素早くできるかを測るテストである。学習者は，音声で単文（例：My brother eats breakfast in the morning.）を一度聞き，3秒程度のポーズの後に，口頭でできるだけ正確に復唱する。ポーズを入れることで，聞いた音声文の単なる音真似による復唱ができないようにして，復唱の際にも一定の制限時間を設けることで（例：音声文の長さの2倍の時間），素早い文処理ができるかを測る。そのため，自動化の度合を測るツールとして活用されている（より理論的な議論はSuzuki & DeKeyser, 2015を参照）。

比較的自由に発話をさせ，自動化の度合を測定する方法も提案されている（De Jong & Perfetti, 2011）。たとえば，トピックを与えて（例：Do you like sports? Explain why or why not.），それについて話してもらうと

する。その発話音声の (a) ポーズの長さの平均, (b) 実際の意味ある発話が全体のタスクの長さに占める割合, (c) ポーズなしで話せた音節の長さの平均, (d) 発話速度などを測定する。

4. 授業での活用

　前節に紹介した第二言語習得研究における手続き的知識および自動化の測定方法の考えを応用し，クラスルームでの評価方法をいくつか紹介する。前節のタスクの多くは，研究のためコンピュータを必要としたり採点・分析も厳密に行われているが，ここでは実用性（practicality）を重視した評価例に焦点をあてる。ここで紹介するテストは，宣言的知識または手続き的知識のどちらか一方のみを測っているということではなく，「手続き的知識がないとできないようなテスト」を作成することで，手続き的知識（使える英語）の習得を目標とした指導に合わせて使える評価方法である。

　紹介するテストは，以下の3点のうちどれかまたは複数の点を満たしている。(1) 素早い処理を要求する, (2) 音声を使っている, (3) 発信技能をテストしている。ここでは，4技能の中でも，特にリスニング・スピーキング・ライティングを扱う。なお，一般的に用いられている文法問題（例：和文英訳，穴埋め問題）やリーディング問題（例：英文和訳，英問英答）などを否定するわけではなく，紙面の都合上，手続き的知識を主に測るテストの紹介を優先する。

4.1　ディクテーションテスト（中学校・高校）

【タスク】教科書の本文から，テストに使いたい英文（単文または段落単位）を抜き出し，録音音声を作成する。英文は一部単語などを変えるなどして作成することで，難易度を調整することが可能である。音声録音はALTなどに頼むとよい。

【録音音声の作成方法】
単文の場合
　英文の録音音声は以下のように作成するとよい。英文の音声（必要があれば2回流す）→3秒程度ポーズ→書き取り始めの合図の音声→書き取

り時間のポーズ（文の長さによって変える）。留意点としては，英文とポーズの間に生徒には書き取りをさせないようにして，単なる音真似による解答を防ぐ。つまり，聞いた英語を素早く処理し，ポーズの後にその英文を頭の中で再構築させることで，手続き的知識がないと書き取れないようにしている。

文章の場合

　文章の場合も単文と同じような手順だが，文章の場合長いため，英文を流している間に，メモを取らせる。たとえば，以下のような教科書の文章の一部を使う場合，4文から5文に絞り，一部単語などを変えて書き取らせるようにしてもよい。

　There are more adults than children in my village. There are 67 adults, and the remaining 33 villagers are under the age of 14. Most children go to primary school, but not everyone can reach the last grade. Many children cannot study at school because they must work. Will you be surprised to hear that fifteen adults in my village cannot read or write? I believe that education is important because it expands your knowledge and broadens your horizons ...（略）
　　　　　　　　　　　　　　　　　　　　引用：*Genius I*（Lesson 1 Part 2）より

【採点方法】既習の英文を扱うことを基本としているため，何語書き取れたかどうかというより，元の英文と同じ文をかけたら1点，できなかったら0点とシンプルに採点する。また，スペリングミスや細かい文法形態素のミスなどが見られるが，全体的な英文構造は書き取れている場合は0.5点など部分点を与えるとよいだろう。文章の場合も，一文ごとに採点し，合計の文の数を得点とすることもできる。

4.2　シャドーイングテスト（中学校・高校）

【タスク】教科書のLessonの本文の一部分を用いて，シャドーイングをさせる。テスト実施の際は，コンピュータ教室などで一斉録音するか，個別に（実技）テストを行う。中間期末テストでなければ，生徒同士のペアによる評価や自己評価をさせてもよい。

【採点方法】(1) シャドーイングできた単語の数などをチェックする方法と，(2) 観点別に評価基準を作り採点する方法が考えられる。(1) に関しては，

再生できた単語数（orできなかった単語数）を数える。他にも，100語の文章のうち，教師が選んだ10単語をあらかじめ選んでおき（生徒には伝えない），その選んだ単語がどれくらい再生できたかを採点するという方法もある。(2)に関しては，再生率や発音という観点を用意して，以下のように採点することができる。

【観点別採点の基準例】
再生率
　シャドーイングの再生率を，0％から100％の間で採点
発音
　5…単語の発音・強勢と文のイントネーションともに完璧
　4…単語の発音・強勢と文のイントネーションがおおむね良い
　3…単語の発音・強勢と文のイントネーションのどちらかが良くない
　2…単語の発音・強勢と文のイントネーションともに不自然
　1…単語の発音・強勢と文のイントネーションともに極めて不自然

4.3　スピーキングテスト（中学校・高校）

【タスク】教科書の内容を英語で再話（retelling, reproduction）させる。範囲は，教科書のLessonの教師が指定した部分，教師用指導書や教科書の章末にある要約文とする。テスト実施の際は，教師と生徒の1対1の個別形式で行う。生徒はコンセプトマップなどや絵などを見て，口頭で内容を説明する。その際に，適切な時間制限を設けると，生徒の練習の目標となり，教師側も実施時間をコントロールできてよい。

【採点方法】生徒の発話を観点別で評価する。観点としては，内容カバー率，分量，発話の流暢さ，文法や語彙の正確さ，発音などが考えられる。同時に多くの観点を使って判断することは難しいため，2つか多くても3つまでに絞った上で評価するとよいだろう。

【採点基準の例】
内容・語数
　3…内容を過不足なく，十分に説明できている
　2…一部内容が足りない点があるが，おおまかに説明できている
　1…ほとんど内容説明ができていない

語彙と文法の正確さ
　　3…語彙と文法のミスがほとんどない
　　2…ミスがあるが，意味の伝達に支障はない
　　1…意味の伝達に問題があるほどミスが多い

4.4　ライティングテスト（高校）

【タスク】上記のスピーキングテストと同じように，ある程度まとまった分量の英語を書かせる。たとえば150語前後のパートを，半分の70語でまとめるように語数を指定して要約させる。英語力が高い生徒の場合，（教師用指導書などにある）原典を素材として用いて，それを要約させること等もできる。

【採点方法】評価の観点としては，スピーキングと同様に，内容，語彙の正確さ，文法の正確さ，（要約の場合）言い換え表現が使われているか等を準備する。

4.5　評価に関するQ&A

Q：テストに使う英文や内容は，既習の英文でよいのか？

A：素早く英語が使えるかという観点からテストをする際には，多くの場合，既習の英文である方がいい。研究結果からわかっていることは，自動化には同じ言語知識を繰り返し練習し，時間をかける必要があるという（例えば制限時間を設ける等）ことである。そのため，同じ内容であってもテストの負荷を高めれば，難易度的にも十分になるはずである。学習したものでなく，初見の文章を多く用いると，指導・授業と評価の関連性を生徒が納得しない可能性もある。一方で，英語での理解能力を測ることを目的とする場合は，初見の英文を使う方が適切な場合もある。そのような場合は，生徒が見たことがないサマリーや原典（教師用指導書などから）を活用したりする方法もある。

Q：個別のテストをする時間がない場合はどうすればよいか？

A：定期テストのすべてで今回提案しているような個別テストを使って，手続き的知識を中心に測るべきだと言っているわけではない。クラスサイズ，設備，時間など様々な教育環境が想定されるため，状況に合

わせて，一部取り入れてみるという形で試すことをおすすめする。また，生徒同士のペアでの評価なども行うことができるが，生徒が評価方法をしっかりと理解できるように練習させたり，継続的に同じ評価活動を生徒にやらせている等の配慮が必要である。

Q：シャドーイングやスピーキングなどの評価での観点別評価の得点スケールは何段階にすればよいのか（たとえば，3段階，5段階，7段階，10段階など）

A：基本的な方針としては，教えている生徒の様々なパフォーマンスを区別できるスケール数を設定する。3段階のスケールだと，確実にレベルの違うように見える生徒の区別をつけることができないことが多い場合，スケールの数を増やした方がいいかもしれない。逆に，7段階のスケールがあっても，一番上と下の得点を使うことがほとんどない場合は，スケールの数を減らすべきである。スケールが少ない方が採点も悩みにくくなり，採点の時間も短く済むため，むやみにスケールを増やす必要はない。また，初めて採点する場合は，それぞれの得点ごとに代表的な生徒の例を決めてから，それを規準として採点すると複数採点者間でも評価のズレを減らすことができる。

Q：スピーキングテストなど，生徒にとってテストが難しすぎる場合はどうすればよいか？

A：教室で手続き的知識を評価するテストを本章では紹介したが，もちろん授業内で同じような活動を行っていて，生徒もどのようにテストに向けて準備すれかよいかを理解できているという前提が必須である。また，授業内外での練習の時間を十分に与えているかもチェックする必要があるだろう。練習の機会も限られていたり，一部の生徒にとってはテストが難しすぎる場合もあるだろう。その場合，テストの難易度を調整することも考える必要がある。たとえば，スピーキングで使う重要な単語などをヒントとして与えたりするなどして，生徒の負担を軽減する方法などがある。

5. おわりに

　本章では，スキル習得理論の観点から，英語指導の評価に関して考えてみた。どのようなプロセスを経て，英語ができるようになるのか，すなわち手続き的・自動化知識を身につけることができるかを説明した。第二言語習得研究で用いられている自動化を測定するリサーチツールを紹介した上で，教室内で活用できる簡易で実用的なテスト方法も提案した。その際に，従来の正確さだけを重視した評価方法ではなく，素早く処理できるかという処理速度も意識した観点での評価の重要性を指摘した。第二言語習得研究が明らかにしてきた英語学習における自動化プロセスなどの知見は，どのような観点で，いつ評価をすればいいかということに関して全体的な指針を与えることができ，今後活用されていくことを願う。

◆ **ディスカッション・クエスチョン**
1) 宣言的知識，手続き的知識，自動化の意味を説明してみよう。その際，言語学習と言語学習以外の具体的な例をそれぞれ1つずつ用いて説明すること。
2) スキル習得理論に基づいて，評価の方法を考えると，どのような指導を行う必要があると考えられるか。
3) 本章の5節と6節で紹介されている手続き的・自動化の知識を測るテストを比較してみて，英語力のどのような側面を測っているか詳しく分析してみよう。
4) 検定教科書を使って，実際にテストを作ってみよう。そして，(a)テストの難易度，(b)測っている・測ることができていない能力，(c)作成の簡便性，(d)教室での実施のしやすさ，(e)採点の簡便性などに関して話し合ってみよう。

◆ **文献案内**
① DeKeyser, R. M. (2015). Skill acquisition theory. *Theories in Second Language Acquisition: An Introduction*. 94-112. In B. VanPatten & J. Williams (Eds.). New York, NY, Routledge
　第二言語習得におけるスキル習得理論についての最新の知見を得ること

ができる。理論的な説明が多いが，どのように自動化の達成を効率化できるか，他の第二言語習得理論との比較や，明示的知識と暗示的知識という第二言語知識との関連も議論されている。

② 望月昭彦・深澤　真・印南　洋・小泉理恵編著（2015）『英語4技能評価の理論と実践』東京：大修館書店

　4技能の評価やCAN-DO・観点別評価などに関して，詳細に議論がされている。大きく理論編と実践編に分かれており，理論編はテストの作成・実施手順などの説明・留意点が説明し，実践編では小中高大における評価の実践例が紹介されている。特に，統合的な技能（例：リーディングとスピーキング）の評価方法も扱っている点が有益である。

③ 門田修平・野呂忠司・氏木道人・長谷尚弥編著（2014）『英単語運用力判定ソフトを使った語彙指導』東京：大修館書店

　知っている単語と使える単語がどのように違うのかを心理言語学の観点から丁寧に説明している。また，語彙の処理速度を測定するコンピュータテスト（CELP）を使えるCD-ROMが付属しており，研究と実践での活用法を提案している。そして，多読・多聴やシャドーイング・音読などの学習方法で，どのように使える語彙を身につけさせることができるかという理論的考察も行っている。

第13章
まとめ
——フォーカス・オン・フォームの指導

　2〜12章で取り上げられていた指導や評価テクニックは，みなさんにとってなじみのあるものでしたか。なじみのないものの方が多かったのではないかと推察しています。その理由は，フォーカス・オン・フォームというテクニックについて，教員養成課程や教員研修で体系的に学修する機会がなかったからです（そもそもそれを教えられる大学教員が不足しています）。研修等を通していくつかのテクニック自体は知っていたものの，その理論的背景について詳しく知らなかった先生もおられたのではないでしょうか。また，大学の授業を通してフォーカス・オン・フォームの考え方自体は知っていても，それをどのように授業で具体的に実践するのかを知らなかった大学生（院生）もいたのではないでしょうか。

　SLA（第二言語習得研究）は，言語学，心理学，教育学，社会学等（近年は脳科学）の重要な概念を借用しながら，1960年代から急速に進展してきた比較的新しい学問分野です。特に，効果的な指導法（や学習法）の研究はSLAの中でも大きな位置を占めてきました。そのような研究は，Instructed（classroom）SLAと呼ばれています。Instructed SLAでコンセンサスを得られた指導テクニックは，フォーカス・オン・フォームというもので，コミュニケーション重視の指導の中で学習者の注意を言語形式へ向ける指導技術のことです（和泉，2009；村野井，2006；髙島，2011）。本書では，文法，語彙，音声，発音等の様々な言語形式について，様々な指導形態（教師と生徒のやりとり，生徒同士のやりとり，リスニング活動，リーディング活動，ライティング活動等）で実施できるフォーカス・オン・フォームのテクニックを紹介してきました。

　本章では，本書のまとめとして，フォーカス・オン・フォームの原則の中から再度強調したい5つを紹介したいと思います。

原則1 コミュニケーション活動中に言語形式への意識を高めること

　教師にとってこんなことは当然だと思われるかもしれない。しかし，生徒がコミュニケーション活動中にUnitの目標項目を使わなかったり，言語形式には注意を払わずやりとりしたりするというのは，よく見る光景だ。本書全体を通して様々な方法が提案されていたのを思い起こしてほしい。たとえば，コミュニケーション活動前に準備時間を取って，その時間を意味に集中させることで，学習者がコミュニケーション中に言語形式への注意を自然と払いやすくすることができる（6章）。また，コミュニケーション活動中にエラーに対してフィードバックする方法もある（4，5，7，8章）。さらに，コミュニケーション活動の前に，言語形式の説明をしたり，ドリル的な練習をしたりすることで，その形式を使用しようとする意識が高まるだろう（3，8，10章）。その他にもいろいろ方法が提案されていたが，その大前提は，コミュニケーション活動の中に言語形式に注意が向くような仕掛けを用意するというフォーカス・オン・フォームの考え方である。

原則2 インプット中心の指導を充実させること

　これも当然だと思うかもしれないが，多くの学生や教師に聞いてみると，多読（extensive reading）やティーチャートーク（teacher talk）以外に工夫の例が出てこない。本書で紹介したインプット中心の指導テクニックは主に3つである。まず，生徒に身につけてもらいたい言語形式が多く含まれるテキストを読ませたり，そのようなダイアローグを聞かせたりする指導テクニックである（2章）。また，目標項目に下線を引いたり，フォントを変えたりして目立たせたテキストを読ませたり，当該箇所を故意に強調して読んで聞かせたりする指導テクニックも有効だ（2章）。さらに，母語による影響を受けて正しく処理できない言語項目について，そのルールや処理の問題について明確に説明をした後で，読んだり，聞いたりするインプット活動を通して，当該項目を正しく処理させるようなテクニックも近年注目を浴びている（3，10章）。これら以外にも様々な工夫ができそうだが，大前提は，読んだり，聞いたりするインプット中心の活動の中に，学習者の注意を目標項目にも向けさせるというフォーカス・オン・フォームの考え方である。

原則3　インタラクションの機会を充実させること

　現在のSLA研究者で一致を見ている考えの1つは，第二言語でインタラクション（やりとり）する中で，生徒の注意を言語形式へ向けさせることが，第二言語習得を促進させるということだ。本書でも様々な方法が提案されていた。まず，教師は，スピーキング活動中に生徒がエラーを産出したら，様々なテクニックを用いてフィードバックしてあげたい（4章）。ライティングのエラーに対するフィードバックも同様である（5章）。また，生徒同士のインタラクションが教室活動では優先されるのだから，教室環境を工夫したり，生徒にフィードバックの効果を説明したり，どのようにフィードバックし合うのが望ましいのかをモデルとして見せて，話し合ったり，ロールプレイしたりすることで，生徒同士がお互いのエラーを訂正し合えるようにしたい（7章）。さらに，タスクに従事させながら，学習者の注意を言語形式に向ける工夫もある（6章）。たとえば，現在の話よりも過去の話をさせたり，知らないトピックよりも知っているトピックについて書かせたりすることで，生徒が言語形式に注意を向ける可能性が高くなる。

原則4　個に応じた指導や場面を考慮した指導を行うこと

　SLAでは，第二言語習得を効果的に促進する原理を明らかにしてきたものの，同時に，学習者の個人差や学習が生じる環境（場面）が学習に影響を及ぼすこともわかってきた。詳細は11章を読んでほしいが，ここでは3点挙げる。まず，学習者が英語によるコミュニケーション活動に従事したいという意欲が重要なことは驚くに当たらない。本書で取り上げているフォーカス・オン・フォームのテクニックは，学習者がコミュニケーション活動に積極的に参加する意欲を前提としている。しかし，現実はそうはいかず，教師は学習者の意欲を高めるために様々な手立てを講じる必要があり，なぜある場面では意欲的に活動し，別の場面ではそうでないのかをつぶさに観察したりする必要があるだろう。

　また，「個に応じた指導の一層の充実」という文部科学省の標語を持ち出すまでもなく，学習者1人1人がどのような適性を持ち合わせているのか，その適性に最適な指導法を探るということが，SLAでも盛んに議論されている。これらの研究が示唆することは，我々教師は，年齢，記憶

力，分析能力，動機づけ，性格，習熟度などの様々な適性を持っている生徒に提供できる多様な指導テクニックを持ち合わせていなければならないということだ。おそらく，忙しさにまかせて，多様な生徒がいるのにも関わらず，自分の慣れ親しんだ学習方法に偏った指導をしていないだろうか。本書で紹介したフォーカス・オン・フォームの様々なテクニックも読者の指導メニューに加えてほしい。

　さらに，第二言語学習は様々な環境（場面）で行われているということも忘れないでいたい。たとえば，マクロなレベルでみてみると，第二言語学習に最適な環境であると考えられている語学留学があるが，単に留学すればよいというわけではない。現在文部科学省も高校生や大学生の積極的な留学を促進しているが，留学先でどうしても日本人同士で集まってしまうことが多く，言語的には期待された程の効果が見られないことが多い。ミクロなレベルで見てみると，全体指導の場面もあれば個別指導の場面もあるが，個別場面の方が学習効果が高い。それゆえ，ペアでの学習も奨励されるのかもしれない（7章）。

原則5　指導の効果をパフォーマンス・テストで測定すること

　SLAでは，フォーカス・オン・フォームの効果は，文法性判断テスト（たとえば文を見てそれが文法的かどうかを判断する），多肢選択式テスト，穴埋めテスト，書き換え（たとえば能動態から受動態へ変換する），文結合テスト（たとえば関係代名詞を用いて二文を一文にする），パフォーマンス・テスト（たとえばインタビュー，絵描写，自由英作文）等で測定されてきた。驚くに当たらないが，フォーカス・オン・フォームの効果が最も現れやすいのは，多肢選択式テストや穴埋めテストなどいわゆる伝統的なテストであって，いわゆるパフォーマンス・テストにはなかなか効果が現れにくい（Norris & Ortega, 2000）。フォーカス・オン・フォームが目指すのは，多肢選択式や穴埋めテストで正しく解答できる明示的知識だけではなく，真のコミュニケーション場面で活用できる知識の習得である（12章参照）。後者の知識は，明示的知識が自動化したものなのか，明示的知識とは別の意識できない暗示的知識（母語の言語知識）が習得されたということなのかは，SLAでも論争中ではある。しかし，どちらにしても，そのような知識の習得には時間がかかり，聞いたり，読んだり，書いたり，

話したりなどの機会を相当に確保しなければならないという点では研究者間の一致は見られている。日々の授業の積み重ねが，従来の文法テストのようなものだけではなく，パフォーマンス・テストによっても現れつつあるのかを確認する必要がある。我々教師は，異なる言語や文化的な背景を持った人と英語でコミュニケーションをとる力を生徒に身につけてほしいと願っているのだから。

◆ ディスカッション・クエスチョン

1) 本書で紹介されたフォーカス・オン・フォームの指導技術のうち，あなたはどれを重視したいだろうか。またそれはなぜだろうか。
2) 本書で紹介されてきた様々な指導テクニックを知ることは，我々英語教師にとって何のメリットがあるだろうか。
3) 本書で紹介されたフォーカス・オン・フォームをどのように今後指導に生かしていくことができるだろうか。

◆ 文献案内

① 村野井仁（2006）『第二言語習得研究から見た効果的な英語学習法・指導法』東京：大修館書店

SLA，特に，教室内・指導を受けた（classroom/ instructed）SLA の成果に基づいて，英語をどのように指導したらよいかについて論じられている。SLA 理論の重要な考え方や研究も紹介されており，指導法に関する具体的な示唆が得られるであろう。個人差や社会文化的な要因の影響も扱っている。そもそも英語教育の目的とは何かという著者の熱い思いも感じとることができる 1 冊である。

② 髙島英幸（2011）『英文法導入のための「フォーカス・オン・フォーム」アプローチ』東京：大修館書店

フォーカス・オン・フォームの考え方に基づいて，基礎・基本の定着のための文法説明や言語活動（特に技能統合型タスク）について具体例が豊富に書かれている。具体的な文法事項ごとに様々なタスクを紹介しており，英語教師だけではなく，教育実習を間近に控えている学生等におすすめの 1 冊である。

③ Loewen, S.（2015）. *Introduction to instructed second language acquisition*. New York：Routledge.

　本書は，幅広いSLAの中でも，どのように教えるかに焦点をあてて，包括的にまとめたものである。フォーカス・オン・フォームの理論や研究についてもある程度詳細に言及されており，指導のアイディアを得るというよりも，教師や学生にとってはなじみの深い教室内での指導や学習場面を通して，第二言語習得の認知プロセスの理解するための1冊になろう。

参考文献

Abrams, Z., & Byrd, D. R. in press. The effects of meaning-focused pre-tasks on beginning-level L2 writing in German: An exploratory study. *Language Teaching Research.*

Acton, W., Baker, A., Burri, M., & Teaman, B. (2013). Preliminaries to haptic-integrated pronunciation instruction. In J. Levis & K. LeVelle (Eds.), *Proceedings of the 4th pronunciation in second language learning and teaching conference* (pp. 234-244). Ames, United States: Iowa State University.

Barcroft, J. (2003). Distinctiveness and bidirectional effects in input enhancement for vocabulary learning. *Applied Language Learning, 13*, 47-73.

Benati, A. (2004). The effects of structured input activities and explicit information on the acquisition of the Italian future tense. In B. VanPatten (Ed.), *Processing Instruction: Theory, research, and commentary* (pp. 207-226). New Jersey: Laurence Erlbaum Associates

Bitchener, J. (2012). A reflection on 'the language learning potential' of written CF. *Journal of Second Language Writing, 21*, 343-363.

Bitchener, J., & Ferris, D. R. (2012). *Written corrective feedback in second language acquisition and writing.* New York, NY: Routledge.

Cho, M., & Reinders, R. (2013). The effects of aural input enhancement on L2 acquisition. In J. M. Bergsleinthener, S., N. Frota, & J. K. Yoshioka, (Eds.), *Noticing and second language acquisition: Studies in honor of Richard Schmidt* (pp. 133-148). Honolulu: University of Hawaii, National Foreign Language Resource Center.

Couper, G. (2006). The short and long-term effects of pronunciation instruction. *Prospect, 21*, 46-66.

De Jong, N., & Perfetti, C. A. (2011). Fluency Training in the ESL Classroom: An Experimental Study of Fluency Development and Proceduralization. *Language Learning, 61*, 533-568.

DeKeyser, R. M. (1997). Beyond Explicit Rule Learning. *Studies in second language acquisition, 19*, 195-221.

DeKeyser, R. M. (2015). Skill acquisition theory. In B. VanPatten & J. Williams (Eds.), *Theories in second language acquisition: An Introduction* (2nd ed., pp. 94-

112). New York, NY: Routledge.
Dekeyser, R., & Prieto Botana, G. (2015). The effectiveness of processing instruction in L2 grammar acquisition: A narrative review. *Applied Linguistics, 36*, 290-305
Derwing, T. (2012). Pronunciation instruction. In C.A. Chapelle (Ed.), *The encyclopedia of Applied Linguistics* (pp. 1-9). Blackwell Publishing Ltd.
Dewaele, J. M., & Furnham, A. (2000). Personality and speech production: A pilot study of second language learners. *Personality and Individual Differences, 28*, 355-365.
Dörnyei, Z. (2001). *Motivational strategies in the language classroom.* Cambridge: Cambridge University Press.［米山朝二・関昭典（訳）(2005)『動機づけを高める英語指導ストラテジー35』大修館書店］
Doughty, C., & Varela, E. (1998). Communicative focus on form. In C. Doughty & J. Williams (Eds.), *Focus on form in classroom second language acquisition* (pp. 114-138). New York, NY: Cambridge University Press.
Douglas, S., & Kim, M. (2014). Task-based language teaching and English for academic purposes: An Investigation into instructor perceptions and practice in the Canadian context. *TESL Canada Journal, 31*, 1-22.
Ellis, N., & Wulff, S. (2015). Usage-based approaches to SLA. In B. VanPatten & J. Williams (Eds.), *Theories in second language acquisition* (pp. 75-93). New York: Routledge.
Ellis, R. (2003). *Task-based language learning and teaching.* Oxford University Press.
Ellis, R. (2008). *The study of second language acquisition.* Oxford: Oxford University Press.
Erlam, R. (2005). Language aptitude and its relationship to instructional effectiveness in second language acquisition. *Language Teaching Research, 9*, 147-171.
Fotos, S. (2005). Traditional and grammar translation methods for second language teaching. In E. Hinkel (Ed.), *Handbook of research in second language teaching and learning* (pp. 653-670). Mahwah, NJ: Lawrence Erlbaum Associates.
Gass, S. Behney, J., & Plonsky, L. (2013). *Second language acquisition: An introductory course (4th Edition).* New York: Routledge/Taylor Francis.
González-Lloret, M., & Nielson, K. B. (2015). Evaluating TBLT: The case of a task-based Spanish program. *Language Teaching Research, 19*, 525-549.
Grant, L. (2014). *Pronunciation Myths: Applying second language research to*

classroom teaching. Ann Arbor. The University of Michigan Press.

Guilloteaux, M. J., & Dornyei, Z. (2008). Motivating language learners: A classroom-oriented investigation of the effects of motivational strategies on student motivation. *TESOL Quarterly, 42*, 55-77.

Hamada, Y. (2016). Shadowing: Who benefits and how? Uncovering a booming EFL teaching technique for listening comprehension. *Language Teaching Research, 20*, 35-52.

Hendrickson, J. M. (1978). Error correction in foreign language teaching: Recent theory, research, and practice. *The Modern Language Journal, 62*, 387-398.

Hino, N. (2012). Endonormative models of EIL for the expanding circle. In A. Matsuda (ed.), *Principles and practices of teaching English as an international language* (pp. 28-43). Bristol: Multilingual matters.

Hyland, F. (2003). Focusing on form: Student engagement with teacher feedback. *System, 31*, 217-230.

Jackson, D. O. and Suethanapornkul, S. (2013). The cognition hypothesis: A synthesis and meta-analysis of research on second language task complexity. *Language Learning, 63*, 330-367.

Johnson, D., & Johnson, R. (2009). An educational psychology success story: Social interdependence theory and cooperative learning. *Educational Researcher, 38*, 365-379.

Karpicke, J. D., & Roediger, H. L. (2008). The critical importance of retrieval for learning. *Science, 319*, 966-968.

Kim, Y. (2012). Task complexity, learning opportunities, and Korean EFL learners' question development. *Studies in Second Language Acquisition, 34*, 627.

LaBrozzi, R. (2016). The effects of textual enhancement type on L2 form recognition and reading comprehension in Spanish. *Language Teaching Research, 20*, 75-91.

Lantolf, J. (2012). Sociocultural theory: A dialectical approach to L2 research. In S. Gass & A. Mackey (Eds.), *The Routledge handbook of second language acquisition* (pp. 57-72). New York: Routledge.

Lee, S-K., & Huang, H. (2008). Visual input enhancement and grammar learning: A meta-analytic review. *Studies in Second Language Acquisition, 30*, 307-331.

Li, S. (2010). The effectiveness of corrective feedback in SLA: A meta-analysis. *Language Learning, 60*, 309-365.

Li, S. (2013). The interaction between the effects of implicit and explicit feedback and individual differences in language analytic ability and working memory. *The Modern Language Journal, 97*, 634-654.

Lightbown, P. M., & Spada, N. (2013). *How languages are learned* (4th ed). Oxford, UK: Oxford University Press.［白井恭弘・岡田雅子（訳）（2014）『言語はどのように学ばれるか』岩波書店］

Lim, H., & Godfroid, A. (2015). Automatization in second language sentence processing: A partial, conceptual replication of Hulstijn, Van Gelderen, and Schoonen's 2009 study. *Applied Psycholinguistics, 36*, 1247-1282.

Loewen, S. (2015). *Introduction to instructed second language acquisition*. New York, NY: Routledge.

Long, M. (2015). *Second language acquisition and task-based language teaching*. West Sussex, UK: Wiley Blackwell.

Lyster, R., & Mori, H. (2006). Interactional feedback and instructional counterbalance. *Studies in Second Language Acquisition, 28*, 269-300.

Lyster, R., & Saito, K. (2010). Oral feedback in classroom SLA: A meta-analysis. *Studies in Second Language Acquisition, 32*, 265-302.

Lyster, R., & Sato, M. (2013). Skill acquisition theory and the role of practice in L2 development. In M. G. Mayo, J. Gutierrez-Mangado, & M. M. Adrián (Eds.), *Contemporary approaches to second language acquisition* (pp. 71-92). Amsterdam: John Benjamins.

Masgoret, A. M., & Gardner, R. C. (2003). Attitudes, motivation, and second language learning: A meta-analysis of studies conducted by Gardner and associates. *Language Learning, 53*, 167-210.

McDonough, K., & Chaikitmongkol, W. (2010). Collaborative syntactic priming activities and EFL learners' production of wh-questions. *Canadian Modern Language Review, 66*, 817-841.

McDonough, K., & Trofimovich, P. (2009). *Using priming methods in second language research*. New York: NY: Routledge.

McMartin-Miller, C. (2014). How much feedback is enough?: Instructor practices and student attitudes toward error treatment in second language writing. *Assessing Writing, 19*, 24-35.

Miyake, S. (2009). Cognitive processes in phrase shadowing : Focusing on articulation rate and shadowing latency. *JACET JOURNAL, 48*, 15-28.

Murphy, J. (2014) Teacher training programs provide adequate preparation in how to teach pronunciation. In L. Grant (Ed.). *Pronunciation myths: Applying second language research to classroom teaching* (pp. 188-224). Ann Arbor: University of Michigan Press

Nakata, T. (2015). Effects of expanding and equal spacing on second language vocabulary learning: Does gradually increasing spacing increase vocabulary learning? *Studies in Second Language Acquisition, 37*, 677-711.

Nakata, T., & Webb, S. (in press a). Does studying vocabulary in smaller sets increase learning? The effects of part and whole learning on second language vocabulary acquisition. *Studies in Second Language Acquisition.*

Nakata, T., & Webb, S. A. (in press b). Evaluating the effectiveness of vocabulary learning activities using Technique Feature Analysis. In B. Tomlinson (Ed.), *Second language acquisition research and materials development for language learning.* Oxon, UK: Taylor & Francis.

Nassaji, H. & Fotos,S. (2011). *Teaching grammar in second language classroom: Integrating form-focused instruction in communicative contexts.* New York: Routledge.

Nassaji, H., & Swain, M. (2000). A Vygotskian perspective on corrective feedback in L2: The effect of random versus negotiated help on the learning of English articles. *Language Awareness, 9*, 34-51.

Nation, I. S. P. (2008). *Teaching vocabulary: Strategies and techniques.* Boston, MA: Heinle Cengage Learning.

Nation, I. S. P. (2013). *Learning vocabulary in another language* (2nd ed.). Cambridge, UK: Cambridge University Press.

Nguyen, T., T.H. Pham., & M.H. Pham. (2012). The relative effects of explicit and implicit form-focused instruction on the development of L2 pragmatic competence. *Journal of Pragmatics, 44*, 416-434.

Nguyen, T.T.M. (2013). Instructional effects on the acquisition of modifiers in constructive criticisms by EFL learners. *Language Awareness, 22*, 76-94.

Norris, J. M. and Ortega, L. (2000), Effectiveness of L2 instruction: A research synthesis and quantitative meta-analysis. *Language Learning, 50*, 417-528.

Norton Peirce, B. (1995). Social identity, investment, and language learning. *TESOL Quarterly, 29*, 9-31.

Oliver, R., Philp, J., & Mackey, A. (2008). The impact of teacher input, guidance and feedback on ESL children's task-based interactions. In J. Philp, R. Oliver, and A. Mackey (Eds.), *Second language acquisition and the younger learner: child's play?* (pp. 131-147) Amsterdam: John Benjamines.

Ortega, L. (2005). What do learners plan? Learner-driven attention to form during pre-task planning. In R. Ellis (Ed.) *Planning and task performance in a second language* (pp. 77-109). Amsterdam: John Benjamins.

Philp, J., Adams, R., & Iwashita, N. (2014). *Peer interaction and second language learning*. New York, NY: Routledge.

Polio, C. (2012). The relevance of second language acquisition theory to the written error correction debate. *Journal of Second Language Writing, 21*, 375-389.

Ranta, L., & Meckelborg, A. (2013). How much exposure to English do international graduate students really get?: Measuring language use in a naturalistic setting. *The Canadian Modern Language Review, 69*, 1-33.

Robinson, P. (2005). Cognitive complexity and task sequencing: Studies in a componential framework for second language task design. *International Review of Applied Linguistics, 43*, 1-32.

Rogers, J., Webb, S., & Nakata, T. (2015). Do the cognacy characteristics of loanwords make them more easily learned than noncognates? *Language Teaching Research, 19*, 9-27.

Ross, S & Kasper, G (2013). *Assessing second language pragmatics*. London: Palgrave Macmillan.

Saito, K. (2014). Experienced teachers' perspectives on priorities for improved intelligible pronunciation: The case of Japanese learners of English. *International Journal of Applied Linguistics*, 24, 250-277.

Saito, K., & Shintani, N. (2016). Do native speakers of North American and Singapore English differentially perceive second language comprehensibility? *TESOL Quarterly, 50*, 421-446.

Sato, M. (2011). *Peer interaction and corrective feedback: Proceduralization of grammatical knowledge in classroom settings*. Unpublished doctoral thesis, McGill University, Montreal.

Sato, M. (in press). Collaborative mindset, collaborative interaction, and L2 development: An affective-social-cognitive model. *Language Learning*.

Sato, M., & Ballinger, S. (Eds.). (2016). *Peer interaction and second language learning: Pedagogical potential and research agenda*. Amsterdam: John Benjamins.

Schmidt, R. (1990). The role of consciousness in second language learning. *Applied Linguistics, 11*, 129-158.

Sharwood Smith, M. (1993). Input enhancement in instructed SLA: Theoretical bases. *Studies in Second Language Acquisition, 15*, 165-179.

Sheen, Y. (2007). The effect of focused written corrective feedback and language aptitude on ESL learners' acquisition of articles. *TESOL Quarterly, 41*, 255-283.

Sheen, Y. (2011). *Corrective feedback, individual differences and second language learning.* New York: Springer.

Shintani, N. (2015). The effectiveness of processing instruction on L2 grammar acquisition: A meta-analysis. *Applied Linguistics, 36*, 306-325.

Shintani, N. (2015). The effectiveness of processing instruction on L2 grammar acquisition: A meta-analysis. *Applied Linguistics, 36*, 306-325.

Shintani, N., Ellis, R., & Suzuki, W. (2014). Effects of written feedback and revision on learners' accuracy in using two English grammatical structures. *Language Learning, 64*, 103-131.

Skehan, P. (1998). *A cognitive approach to language learning.* Oxford: Oxford University press.

Snow, C., & Hoefnagel-Hohle, M. (1978). The critical period for language acquisition: Evidence from second language learning. *Child Development, 49*, 1114-1128.

Storch, N. (2002). Patterns of interaction in ESL pair work. *Language Learning, 52*, 119-158.

Storch, N. (2009). *The nature of pair interaction: Learners' interaction in an ESL class: Its nature and impact on grammatical development.* Saarbrücken, Germany: VDM Verlag.

Storch, N., & Wigglesworth, G. (2010). Learners' processing, uptake, and retention of corrective feedback on writing: Case studies. *Studies in Second Language Acquisition, 32*, 303-334.

Suzuki, M. (2007). Developing students' self-efficacy beliefs for their language learning and academic achievement. *On CUE, 15*, 21-27.

Suzuki, M. (2008). Japanese learners' self revisions and peer revisions of their written compositions in English. *TESOL Quarterly, 42*, 209-233.

Suzuki, W. (2012). Written languaging, direct correction, and second language writing revision. *Language Learning, 62*, 1110-1133.

Suzuki, Y. & R. M. DeKeyser (2015). Comparing Elicited Imitation and Word Monitoring as Measures of Implicit Knowledge. *Language Learning, 65*, 860-895.

Swain, M. (1995). Three functions of output in second language learning. In G. Cook & B. Seidlhofer (Eds.), *Principle and practice in applied linguistics: Studies in honour of H. G. Widdowson* (pp. 125-144). Oxford: Oxford University Press.

Sweet, H. (1899). *The practical study of languages: A guide for teachers and learners.* New York, NY: Henry Holt and Company.

Sypyra-Kzlowaska, J. (2015). *Pronunciation in EFL instruction.* Bristol, UK: Multilingual matters.

Szudarski, P., & Carter, R.A. (2016). The role of input flood and input enhancement in EFL learners' acquisition of collocations. *International Journal of Applied Linguistics, 26*, 245-265.

Taguchi, N. (2015). Instructed pragmatics at a glance: Where instructional studies were, are, and should be going. State-of-the-art article. *Language Teaching, 48*, 1-50.

Taguchi, N., & Iwasaki, Y. (2008). Training effects on oral fluency development in L2 Japanese. *Journal of Japanese Linguistics and Literature, 42*, 413-438.

Takahashi, S. (2001). The role of input enhancement in developing interlanguage pragmatic competence. In K. Rose & G. Kasper (Eds.), *Pragmatics in language teaching* (pp. 171-199). New York: Cambridge University Press.

Takimoto, M. (2009). The effects of input-based tasks on the development of learners' pragmatic proficiency. *Applied Linguistics, 30,* 1-25.

Tomita, Y., & Spada, N. (2013). Form-focused instruction and learner investment in L2 communication. *The Modern Language Journal, 97,* 591-610.

Trahey, N., & White L. (1993). Positive evidence and preemption in the second language classrooms. *Studies in Second Language Acquisition, 15,* 181-204.

Truscott, J. (1999). What's wrong with oral grammar correction. *Canadian Modern Language Review, 55,* 437-456.

VanPatten, B. (1996). *Input processing and grammar instruction: Theory and research.* Norwood, N.J.: Ablex.

VanPatten, B (2004), *Processing instruction: Theory, research and commentary.* Mahwah, NJ: Erlbaum.

VanPatten, B., & Wong, W. (2004). Processing instruction and the French causative: A replication. In B. VanPatten (Ed.), *Processing instruction: Theory, research and commentary* (pp. 97-118). Mahwah, NJ: Erlbaum.

Wakamoto, N. (2000). Language learning strategy and personality variables: Focusing on extroversion and introversion. *International Review of Applied Linguistics, 38,* 71-81.

Walker, Robin. (2010). *Teaching the pronunciation of English as a Lingua Franca.* Oxford: Oxford University Press.

Walqui, A. (2006). Scaffolding instruction for English language learners: A conceptual framework. *International Journal of Bilingual Education and Bilingualism, 9*, 159-180.

Wilkins, D. A. (1972). *Linguistics in language teaching*. London, UK: Arnold.

Wilkinson, S. (2002). The omnipresent classroom during summer study abroad: American students in conversation with their French hosts. *The Modern Language Journal, 86*, 157-173.

Winke, P. M. (2013). The effects of input enhancement on grammar learning and comprehension: A modified replication of Lee (2007) with eye-movement data. *Studies in Second Language Acquisition, 35*, 323-352.

石原紀子・アンドリュー・コーヘン (2015).『多文化理解の語学教育——語用論的指導への招待』.東京：研究社

和泉伸一 (2009)『「フォーカス・オン・フォーム」を取り入れた新しい英語教育』東京：大修館書店

大関浩美（編）(2015)『フィードバック研究への招待——第二言語習得とフィードバック—』東京：くろしお出版

門田修平 (2003)『英語のメンタルレキシコン——語彙の獲得・処理・学習』東京：松柏社

門田修平 (2015)『シャドーイング・音読と英語コミュニケーションの科学』東京：コスモピア

門田修平・野呂忠司・氏木道人・長谷尚弥（編著）(2014)『英単語運用力判定ソフトを使った語彙指導』東京：大修館書店

近藤眞理子・那須川訓也・西原哲雄・高橋豊美 (2015)「音韻論」『英語学・言語学用語辞典』(pp.42-81) 中野弘三・服部義弘・小野隆啓・西原哲雄監修, 東京：開拓社

靜哲人 (2009)『英語授業の心・技・体』東京：研究社

『英語教育』(2014) 第63巻2号

鈴木眞奈美 (2014)「プロセス・ライティング：プランニングとリビジョンを中心に」『英語教育学の今：理論と実践の統合』. 全国英語教育学会編. (pp. 128-131) 全国英語教育学会

鈴木祐一 (2011)「どうして『つながりのある文章』が書けるのか——文法処理速度に焦点を当てて」*STEP Bulletin*, 23, 30-52.

佐藤臨太郎・笠原究・古賀功 (2015)『日本人学習者に合った効果的英語教授法入門——EFL環境での英語習得の理論と実践』東京：明治図書

中野弘三・服部義弘・小野隆啓・西原哲雄監修（2015）『最新英語学・言語学用語辞典』東京：開拓社

白畑知彦（2015）『英語指導における効果的な誤り訂正——第二言語習得研究の見地から』東京：大修館書店

全国英語教育学会．(2014)．『英語教育学の今：理論と実践の統合』. 全国英語教育学会編．以下の全国英語教育学会のホームページから全文ダウンロードできます。http://www.jasele.jp/2015/08/04/kinen-tokubetsushi-web/

高島英幸（編）（2011）『英文法導入のための「フォーカス・オン・フォーム」アプローチ』東京：大修館書店

ジェニー・トーマス（1998）『語用論入門——話し手と聞き手の相互交渉が生み出す意味.』東京：研究社.

中田達也 & 水本篤（2015）『ワン単〜ワンコと覚える英単語〜：ワンダフルで，オンリーワンな英単語帳』東京：学研教育出版

根間弘海（1996)．『英語の発音とリズム——理論と演習の英語音声学』東京：開拓社

松村昌紀（2012）『タスクを活用した英語授業のデザイン』東京：大修館書店

村野井仁（2006）『第二言語習得研究から見た効果的な英語学習法・指導法』東京：大修館書店

望月昭彦・深澤真・印南洋・小泉理恵（編著）（2015）『英語4技能評価の理論と実践』東京：大修館書店

望月正道・相澤一美・投野由紀夫（2003）『英語語彙の指導マニュアル』東京：大修館書店

横山吉樹・大塚謙二（2013）『英語教師のためのフォーカス・オン・フォーム入門——成功するタスク＆帯活動アイデア』東京：明治図書

ジャック C. リチャーズ & シオドア S. ロジャーズ（2007）『アプローチ＆メソッド 世界の言語教授・指導法』（高見澤孟 監訳）東京：東京書籍

索引

あ

アイデンティティー　159
アウトプット　5, 10
　意味のある――活動　36
　構造化された――　36
　修正された――　90
アウトプット誘発型→フィードバック
足場かけ　64
　手助け　90
アップテイク　47
アフェクティブ活動　34
暗示的WCF　63
暗示的指導　69, 144
意識高揚タスク　144
イマージョン教育　7
意味　16
意味のあるアウトプット活動　36
意味優先原理　29
インタラクション仮説　64, 90
インテイク　16
インフォメーション・ギャップ　76, 171
インプット　5, 10, 13
　気づかれた――　15
　構造化された――活動　33
　理解可能な――　7
インプット強化　9, 13, 14, 146
　肯定的――　14
　視覚――　15
　聴覚――　14
　否定的――　14
　テキスト強化　15
インプット供給型→フィードバック

インプット洪水　9, 15
インプット修正　90
インプット処理　28
　――原理　29
　――方略　36
L2セルフシステム　160
オーディオ・リンガル法　4

か

カウンターバランス仮説　52
学習　7
　意図的――　127
　偶発的――　127
　産出――　133
　受容――　133
　習得　7
学習環境　159
　外国語環境　94
　第二言語環境　95
拡張型スケジュール　130
間接的WCF　63
キーワード法　129
記述的研究　46
気づき　64, 76
機能　16
機能負荷量　114
既有知識　166
繰り返し　54
形式　16
　言語――　4
　――と意味の結びつき　171
形成的評価　173
形態素　15

限界容量モデル　78
言語学習適性　158
行動主義　5
コーパス　126
互恵的相互依存関係　91
固定的・拡張的知能観　96
コミュニケーション能力　7, 142
語用論　141
　　―――的能力　142

さ

最近接発達領域　68, 90
サイズ　125
再話　179
産出　27
自己決定理論　160
自己効力感　67
自己調整力　67
事前知識　17
自動化　6, 171
社会的相互依存理論　91
社会文化理論　64, 90
借用語　137
シャドーイング　110, 176
習慣形成　5
習得　7
証拠
　　肯定的―――　55
　　否定的―――　46
情報処理理論　5
情報量　93
処理指導　27, 32
信念　49
スキル習得理論　99, 169
ストラテジー　124
性格　158
正確さ　78

相互依存性　91
相等性　91

た

第一名詞原理　29
卓越性　50
タスク　75
　　意識高揚―――
　　　ターゲットありの―――　76
　　―――中心の教授法　7
　　―――の繰り返し　10
　　―――・プランニング　10
　　―――をもとにした言語教育　77
知覚的特徴　17
知識
　　暗示的―――　48
　　産出―――　125
　　受容―――　125
　　宣言的―――　5, 99
　　手続き的―――　5, 99
　　明示的―――　48
注意　29
中間言語　28, 144
長期記憶　28
直接的WCF　63
ディクテーションテスト　177
ディクトグロス　36
テスト効果　130
手続き化　100
転移　128, 172
動機づけ　158
　　道具的―――　160
　　統合的―――　160
統合　16
投資　160
同族語　137
Total Physical Response (TPR)　118

索引　201

な

内容中心教授法　7
訛り度合　107
認知仮説　78
認知資源　30
年齢　10, 67, 158

は

パターン・プラクティス　5
発音矯正　108
発音指導　108
発達段階　10
PPP　4
頻度　17
フィードバック　9, 10, 45, 63
　訂正―――　14, 45
　包括的―――　63
　否定―――　64
　明確化の要求　52, 54
　明示的な訂正　144
　メタ言語的手がかり　51, 55, 101
フォーカス・オン・フォーム　8
　偶発型―――　10
　計画型―――　9
フォーカスされたWCF　63
フォーカスされないWCF　63
深さ　125
複雑さ　78
　タスクがどれだけ複雑か　93
プライミング　98
プランニング　124
分散学習効果　134
文復唱課題　176
文法訳読式　4
包括的フィードバック　63
母語　165

ま

ミニマルペア　110
明示情報　33
明示的WCF　63
明示的指導　19, 144
明示度　53
明瞭さ　107
メタ言語意識　67
メタ分析　36, 46, 162

や

誘導　57
用法基盤モデル　143

ら

理解　16
　―のしやすさ　107
リキャスト　47, 54, 101
　訂正的―――　56
リスト効果　132
リビジョン　65
リフォームレーション　63
流暢さ　78, 175
臨界期　159
レディネス　65
レファレンシャル活動　34
練習　170
　産出―――　172
　―のべき法則　172
　理解―――　172

わ

ワーキングメモリ　28, 46
ワードファミリー　126

執筆者一覧

鈴木　渉（すずき　わたる，第 1 章・第13章担当）
宮城教育大学教育学部英語教育講座教授。トロント大学オンタリオ教育研究所博士課程修了。博士（第二言語教育学）。専門は英語教育と第二言語習得。
論文に "Written languaging, direct correction, and second language writing revision"（*Language Learning*）がある。

長崎　睦子（ながさき　むつこ，第 2 章担当）
獨協大学外国語学部教授。国際基督教大学大学院教育学研究科博士課程修了。博士（教育学）。専門は英語教育。
論文に "Effects of oral rehearsal on L2 speaking improvement"（*JACET Chugoku-Shikoku Chapter Bulletin*）がある。

新谷　奈津子（しんたに　なつこ，第 3 章担当）
関西大学大学院外国語教育学研究科教授。オークランド大学教養学部言語教育学科博士課程修了。博士（言語教育学）。専門は第二言語習得。
著書に *The role of input-based tasks in foreign language instruction for young learners*（John Benjamins）がある。

神谷　信廣（かみや　のぶひろ，第 4 章担当）
群馬県立女子大学国際コミュニケーション学部教授。ミシガン州立大学第二言語学博士課程修了。博士（第二言語学）。専門は第二言語習得と英語教育。
論文に "The effect of learner age on the interpretation of the nonverbal behaviors of teachers and other students in identifying questions in the L2 classroom"（*Language Teaching Research*）がある。

鈴木　眞奈美（すずき　まなみ，第 5 章担当）
法政大学経営学部経営学科教授。トロント大学オンタリオ教育研究所博士課程修了。博士（第二言語教育学）。専門は第二言語のライティング。主な論文に "Japanese learners' self revisions and peer revisions of their written compositions in English"（*TESOL Quarterly*）がある。

中務　紀美（なかつかさ　きみ，第 6 章担当）
元テキサス工科大学言語文学部助教（2019年逝去）。ミシガン州立大学第二言語学博士課程修了。博士（第二言語学）。専門は第二言語習得。論文に "Efficacy of recasts and gestures on the acquisition of locative prepositions"（*Studies in Second Language Acquisition*）がある。

佐藤　匡俊（さとう　まさとし，第 7 章担当）
アンドレス・ベヨ大学教育学部英語学科准教授。マギル大学教育学博士課程修了。博士（教育学・言語習得）。専門は第二言語習得。著書に *Peer interaction and second language learning: Pedagogical potential and research agenda*（John Benjamins）がある。

濱田　陽（はまだ　よう，第 8 章担当）
秋田大学高等教育グローバルセンター准教授。広島大学教育学研究科博士課程修了。博士（教育学）。専門は英語教育学と第二言語習得。著書に *Teaching EFL learners shadowing for listening: Developing learners' bottom-up skils*（Routledge）がある。

中田　達也（なかた　たつや，第 9 章担当）
立教大学異文化コミュニケーション学部異文化コミュニケーション学科准教授。ウェリントン・ヴィクトリア大学博士課程修了。博士（応用言語学）。専門は第二言語習得およびコンピュータを使った外国語学習。論文に "Does repeated practice make perfect? The effects of within-session repeated retrieval on second language vocabulary learning"（*Studies in Second Language Acquisition*）がある。

瀧本　将弘（たきもと　まさひろ，第10章担当）
青山学院大学理工学部教授。オークランド大学教養学部言語教育学科博士課程修了。博士（言語教育学）。専門は応用認知言語学。
論文 "Evaluating the relative effects of cognitive approach with 3D content and non-cognitive approach on the development of EFL learners' knowledge about the different degrees of sureness"（*Cognitive Linguistic Studies*）がある。

富田　恭代（とみた　やすよ，第11章担当）
トロント大学人文学部東アジア研究科助教。トロント大学オンタリオ教育研究所博士課程修了。博士（第二言語教育学）。専門は第二言語習得。
論文に "Form-focused instruction and learner investment in L2 communication"（*The Modern Language Journal*）がある。

鈴木　祐一（すずき　ゆういち，第12章担当）
神奈川大学国際日本学部国際文化交流学科准教授。メリーランド大学第二言語習得研究科博士課程修了。博士（第二言語習得）。専門は第二言語習得論と英語教育学。
著書に『高校生は中学英語を使いこなせるか？基礎定着調査で見えた高校生の英語力』（アルク選書）がある。

実践例で学ぶ
第二言語習得研究に基づく英語指導
©Suzuki Wataru, 2017   NDC 375／xii, 205p／21cm

初版第1刷──2017年8月1日
　第4刷──2022年9月1日

編者─────鈴木　渉
発行者────鈴木一行
発行所────株式会社　大修館書店
　　　　　　〒113-8541 東京都文京区湯島2-1-1
　　　　　　電話 03-3868-2651（販売部）03-3868-2294（編集部）
　　　　　　振替 00190-7-40504
　　　　　　［出版情報］https://www.taishukan.co.jp

装丁者────CCK
印刷所────広研印刷
製本所────牧製本印刷

ISBN 978-4-469-24611-7 Printed in Japan
Ⓡ本書のコピー，スキャン，デジタル化等の無断複製は著作権法上での例外を除き禁じられています。本書を代行業者等の第三者に依頼してスキャンやデジタル化することは，たとえ個人や家庭内での利用であっても著作権法上認められておりません。